HIPERATIVIDADE, IMPULSIVIDADE e DESATENÇÃO

Dados Internacionais de Catalogação na Publicação (CIP)
(Câmara Brasileira do Livro, SP, Brasil)

Pezzica, Sara
 Hiperatividade, impulsividade e desatenção : o que fazer e o que evitar : guia rápido para professores da Educação Infantil / Sara Pezzica ; tradução de Moisés Sbardelotto. – Petrópolis, RJ : Vozes, 2023. – (Coleção O que fazer e o que evitar)

 Título original: Iperattività, impulsività e disattenzione
 Bibliografia.

 4ª reimpressão, 2025.

 ISBN 978-65-5713-712-3

 1. Crianças – Aprendizagem 2. Crianças hiperativas – Educação 3. Distúrbios da aprendizagem 4. Distúrbio do Déficit de Atenção com Hiperatividade – Miscelânea 5. Educação Infantil I. Título.

22-136233 CDD-372.21

Índices para catálogo sistemático:
1. Alfabetização : Educação Infantil   372.21

Aline Graziele Benitez – Bibliotecária – CRB-1/3129

Sara Pezzica

HIPERATIVIDADE, IMPULSIVIDADE e DESATENÇÃO

O QUE FAZER (E O QUE) EVITAR

guia RÁPIDO
para professores da
EDUCAÇÃO INFANTIL

Tradução de Moisés Sbardelotto

EDITORA VOZES

Petrópolis

© 2022, by Edizioni Centro Studi Erickson S.p.A., Trento (Itália)
www.erickson.it
www.erickson.international

Tradução do original em italiano intitulado *Iperattività, impulsività e disattenzione – Cosa fare e non – guida rapida per insegnanti*

Direitos de publicação em língua portuguesa – Brasil:
2023, Editora Vozes Ltda.
Rua Frei Luís, 100
25689-900 Petrópolis, RJ
www.vozes.com.br
Brasil

Todos os direitos reservados. Nenhuma parte desta obra poderá ser reproduzida ou transmitida por qualquer forma e/ou quaisquer meios (eletrônico ou mecânico, incluindo fotocópia e gravação) ou arquivada em qualquer sistema ou banco de dados sem permissão escrita da editora.

CONSELHO EDITORIAL

Diretor
Volney J. Berkenbrock

Editores
Aline dos Santos Carneiro
Edrian Josué Pasini
Marilac Loraine Oleniki
Welder Lancieri Marchini

Conselheiros
Elói Dionísio Piva
Francisco Morás
Teobaldo Heidemann
Thiago Alexandre Hayakawa

Secretário executivo
Leonardo A.R.T. dos Santos

PRODUÇÃO EDITORIAL

Aline L.R. de Barros
Anna Catharina Miranda
Eric Parrot
Jailson Scota
Marcelo Telles
Mirela de Oliveira
Natália França
Priscilla A.F. Alves
Rafael de Oliveira
Samuel Rezende
Verônica M. Guedes

Editoração: Maria da Conceição B. de Sousa
Diagramação: Sheilandre Desenv. Gráfico
Ilustrações: CarciofoContento
Revisão gráfica: Alessandra Karl
Capa: Edizioni Centro Studi Erickson S.p.A.
Arte-finalização: Érico Lebedenco
Ilustração de capa: CarciofoContento

ISBN 978-65-5713-712-3 (Brasil)
ISBN 978-88-590-2761-4 (Itália)

Este livro foi composto e impresso pela Editora Vozes Ltda.

SUMÁRIO

Apresentação, 7

Introdução, 11

Hiperatividade, 23

CAPÍTULO 1 *Levanta-se e circula pela sala,* 24

CAPÍTULO 2 *Perturba os colegas,* 30

CAPÍTULO 3 *Deixa tudo bagunçado,* 36

CAPÍTULO 4 *Quebra os materiais,* 42

Impulsividade, 49

CAPÍTULO 5 *Interrompe e é invasiva,* 50

CAPÍTULO 6 *Não respeita a sua vez,* 58

CAPÍTULO 7 *Põe-se em perigo,* 64

CAPÍTULO 8 *Não internaliza as regras,* 70

Desatenção, 77

CAPÍTULO 9 Não ouve as instruções, 78

CAPÍTULO 10 Não inicia a atividade, 86

CAPÍTULO 11 Não termina a atividade, 94

CAPÍTULO 12 Tem dificuldade de mudar de atividade, 102

Os aspectos emocionais, 109

CAPÍTULO 13 Irrita-se facilmente, 110

CAPÍTULO 14 Opõe-se, 118

CAPÍTULO 15 Desiste quando não aprende logo, 124

Conclusões, 131

Referências, 133

Apêndice — Fichas de trabalho, 135
- Tabela de observação, 137
- Tabela de "análise funcional", 138
- Tabela "função do comportamento", 139
- Tabela de autoavaliação, 141
- Tabela de avaliação, 142
- O diálogo escola-família, 143

APRESENTAÇÃO

Caros professores e professoras,

Sou Sara Pezzica, psicóloga e psicoterapeuta com enfoque cognitivo-construtivista, e trabalho principalmente no âmbito da idade evolutiva. Cuido de crianças com dificuldades na regulação do comportamento e da atenção, e, desde 1998, sou presidente da Associação Italiana de Distúrbios de Atenção e Hiperatividade (Aidai) para a região da Toscana.

O fio condutor do meu trabalho sempre foi tentar compreender as necessidades das crianças e construir junto com elas, com as suas famílias e com a escola um caminho que se adapte às suas exigências e lhes permita um desenvolvimento o mais harmonioso possível.

Na prática clínica, entro em contato diário com crianças e jovens com dificuldades na regulação do comportamento. As dificuldades comportamentais muitas vezes são apenas um pequeno fragmento dos desafios que eles enfrentam diariamente, enquanto são mais significativas as repercussões provocadas pelas experiências negativas na construção de si mesmos: percepção de inadequação e exclusão, baixa autoestima, identificação com papéis negativos.

Desde a Educação Infantil, as características de hiperatividade, impulsividade e desatenção podem interferir em uma serena adaptação ao contexto e criar condições de desconforto. Porém, a situação pode melhorar quando a criança capta a possibilidade de se autodeterminar em um ambiente suficientemente firme e que a apoia.

Portanto, acredito que é fundamental um trabalho de equipe que permita que os adultos significativos, desde os primeiros anos, funcionem como um "cinturão" protetor. A imagem do cinturão ilustra bem o conceito de fronteira, que fornece limites estáveis calibrados a partir das possibilidades efetivas da criança, mas também contém em si mesmo o valor do círculo que protege, oferecendo aquele senso de segurança e de apoio fundamentais para a exploração do mundo. Esse cinturão se torna ainda mais sólido quando a comunicação escola-família é eficaz e as ações estão sintonizadas em relação a um objetivo comum. Neste livro, vocês também encontrarão conselhos úteis e práticos sobre como organizar uma conversa eficaz com os responsáveis.

Porém, tem mais.

Graças aos projetos laboratoriais sobre a atenção realizados com a colaboração entre a Prefeitura de Florença e a Aidai Toscana, tenho a possibilidade de trabalhar em estreita colaboração com professores e professoras dentro do grupo de classe e, portanto, tenho a oportunidade de observar aquelas dinâmicas subjacentes aos equilíbrios do grupo, sobre as quais muitas vezes ouvimos falar, mas que não vêm à tona em um contexto individual.

Por meio dessa experiência fica cada vez mais claro para mim o profundo valor da colaboração no respeito aos papéis, para que a intervenção possa considerar tanto as peculiaridades do indivíduo quanto as características do contexto em que ele interage.

No livro vocês encontrarão estratégias para ajudar a criança com hiperatividade, impulsividade e desatenção, mas muitas vezes verão a ênfase se deslocar para a valorização do contexto. A via mestra para promover um crescimento harmonioso é a construção de um ambiente inclusivo, no qual cada um tenha o seu próprio espaço e possa se sentir valorizado com um projeto personalizado e calibrado. Vocês terão à disposição um guia que lhes ajudará a reconhecer o significado comunicativo de alguns comportamentos e a escolher as estratégias educativas mais adequadas. Encontrarão sugestões para organizar ambientes e atividades que permitam que a criança se expresse livremente, reconhecendo fronteiras sintonizadas com as suas próprias exigências; premissas indispensáveis para desenvolver tanto o prazer de estar atento quanto a capacidade de puxar o freio de mão na hora certa. As indicações são extraídas da experiência com crianças da Educação Infantil que têm as dificuldades específicas descritas acima, mas também podem ser úteis para todas as crianças que apresentem apenas temporariamente dificuldades na regulação do comportamento e na adaptação ao contexto.

INTRODUÇÃO

Durante a Educação Infantil, as capacidades de autorregulação das crianças – ou seja, de regulação autônoma – são constantemente solicitadas. Nesse período, verifica-se uma passagem importante e gradual da regulação do comportamento, mediada pelo adulto, para uma maior regulação interna, facilitada e sustentada pelas regras e pelas rotinas dos ambientes nos quais elas vivem a sua jornada.

Dentro do ambiente escolar, as crianças se observam e se treinam para pôr em prática aqueles comportamentos que melhoram a convivência e permitem a realização de brincadeiras e atividades em um contexto de grupo. Aprendem a esperar a sua vez de brincar ou de usar um brinquedo, reconhecem o comportamento adequado para participar das várias propostas educativas e amadurecem a capacidade de adiar o impulso de agir.

Algumas delas levam mais tempo do que outras para adquirir competências de autorregulação, mas isso não indica necessariamente a presença de um distúrbio da regulação ou Transtorno do Déficit de Atenção com Hiperatividade (TDAH). De fato, nesse período de crescimento, a baixa eficiência dos processos autorregulatórios é a norma, pois as capacidades de regulação atencional estão em vias de amadurecimento para todas as crianças.

Cada uma apresenta a sua própria especificidade nos ritmos de crescimento, que pode depender das características temperamentais ou constitucionais e ser influenciada tanto pelas experiências de vida quanto pela responsividade do ambiente em assumir uma função regulatória.

As crianças menores podem ainda não ter internalizado as regras do estar junto e, portanto, manifestar uma vivacidade natural na abordagem a situações novas, que, dentro de certos limites, deve ser considerada como uma característica positiva, sobretudo porque as torna mais ativas e partícipes das experiências propostas.

Em alguns casos é possível observar um aumento nos níveis de hiperatividade e impulsividade e uma maior tendência à distração apenas por curtos períodos de tempo. Geralmente, trata-se de variações transitórias do comportamento, atribuíveis a situações contingentes que podem alterar o equilíbrio emocional da criança. No período pré-escolar, de fato, as emoções são vividas e expressadas no nível comportamental e podem se manifestar como uma maior agitação motora (p. ex., a inquietação que muitas vezes está associada ao nascimento de um irmão ou de uma irmã).

Além disso, não esqueçamos que essa fase da vida se caracteriza pela aquisição inicial de um maior senso de autonomia, tanto nos deslocamentos físicos quanto nas relações. As crianças querem se tornar cada vez mais autônomas e tentam lançar as bases para cultivar o seu próprio senso de autodeterminação. Tudo isso se choca com os limites intrinsecamente presentes no ambiente ou estabelecidos pelo adulto para satisfazer a necessidade de segurança (proteção do perigo) e apoiar a criança no processo de inclusão social. Porém, quando o desejo de autonomia da criança se choca com os limites, isso pode produzir sensações de frustração, que aumentam os níveis de agitação e rebeldia. O fio condutor de uma abordagem educativa, portanto, será estabelecer fronteiras coerentes e firmes que ajudem a criança a reconhecer o limite intransponível e a aprender com o tempo a gerir o sentimento de frustração associado a ele.

Uma pequena porcentagem de crianças (cerca de 3-5%), no entanto, pode manifestar comportamentos de hiperatividade de modo sistemático e contínuo, evidenciando uma dificuldade naqueles que chamamos de "processos de autorregulação comportamental". Essas crianças evidenciam uma necessidade repetitiva de se mover, têm dificuldade de ficar sentadas e brincar tranquilamente, passando rapidamente de uma atividade para outra e assumindo comportamentos que perturbam toda a sala. Geralmente, trata-se de comportamentos não intencionais, mas determinados por uma necessidade interna de movimento que as impede de permanecerem engajadas em uma atividade por períodos prolongados. As crianças tendem a se colocar em situações perigosas porque não preveem as consequências das suas ações ou não conseguem frear o comportamento pelo tempo suficiente para modificar o impulso; por isso, muitas vezes elas se machucam com mais frequência do que os seus pares ou apresentam comportamentos de risco. Na escola, elas podem ter dificuldade em manter a atenção nos trabalhos atribuídos, com maior probabilidade de desenvolver dificuldades de aprendizagem subsequentes e, de modo mais geral, de manifestar problemáticas de tipo comportamental, até mesmo nos anos escolares posteriores. A vivacidade típica da idade, nesses casos, parece não responder aos limites impostos pelo adulto ou pela situação.

Quando presentes, as dificuldades de regulação se manifestam em todos os contextos de vida: na escola, em casa, no esporte, no parque. Embora nem todas as crianças com dificuldades de regulação mantenham as mesmas características durante o crescimento, o período pré-escolar é um momento importante e sensível para intervir de modo apropriado para criar um ambiente inclusivo que responda às necessidades educativas de todos e as ajude tanto a melhorar as suas competências quanto a protegê-las do surgimento de outras complicações, como a baixa autoestima e a ansiedade.

A estrutura do livro

O livro é composto de 15 capítulos que analisam situações problemáticas muito comuns e estão subdivididos em quatro macrosseções: *Hiperatividade, Impulsividade, Desatenção* e *Os aspectos emocionais.*

- Hiperatividade
    1 Levanta-se e circula pela sala
    2 Perturba os colegas
    3 Deixa tudo bagunçado
    4 Quebra os materiais
- Impulsividade
    5 Interrompe e é invasiva
    6 Não respeita a sua vez
    7 Põe-se em perigo
    8 Não internaliza as regras
- Desatenção
    9 Não ouve as instruções
    10 Não inicia a atividade
    11 Não termina a atividade
    12 Tem dificuldade de mudar de atividade

○ Os aspectos emocionais
13 Irrita-se facilmente
14 Opõe-se
15 Desiste quando não aprende logo

No início de cada capítulo é apresentada uma síntese organizada em pontos, nos quais são delineadas algumas possíveis explicações do comportamento-problema em análise: *Por que faz assim?*

Seguem-se indicações breves e simples que podem ser úteis para o professor e a professora como ponto de referência para decidir rapidamente *O que fazer* e refletir sobre *O que não fazer*.

Em seguida é proposta uma descrição mais aprofundada do comportamento-problema específico sobre o qual estamos trabalhando: *Análise do comportamento-problema*.

Depois são delineados de modo mais detalhado os instrumentos e as estratégias educativas para construir a intervenção: *Como intervir*. Antes de decidir a intervenção mais adequada, convido vocês a sempre se concederem pelo menos uma semana de observação do comportamento-problema e das condições que podem ativá-lo (antecedentes) ou que podem contribuir para mantê-lo (consequentes).

A esse propósito, a "Tabela de observação" presente no Apêndice poderá ser útil. Se conseguirem compreender a necessidade que está por trás do comportamento, as estratégias propostas poderão assumir um maior significado e ser uma base para estimular a criatividade e a experiência de vocês.

A aliança entre os adultos de referência é condição fundamental para permitir que a criança se sinta segura e perceba coerência e previsibilidade naquilo que o mundo lhe propõe. Para cada capítulo está previsto um parágrafo a esse respeito: *O pacto educativo*, que contém algumas ideias para apoiar pais, mães e responsáveis no percurso educativo dos próprios filhos ou filhas. Algumas indicações estarão diretamente ligadas ao contexto escolar e poderão criar uma comunhão de intenções explícita escola-família. Em alguns capítulos vocês também encontrarão ideias que poderão ajudar pais, mães e responsáveis a reconhecerem e cuidarem das necessidades da criança, diretamente no contexto familiar.

Cada capítulo termina com *Os conselhos da especialista*: trata-se de reflexões muitas vezes amadurecidas durante a prática clínica, que poderão lhes ajudar a compreender e a enriquecer ainda mais a sua "maleta de ferramentas educativas".

Como preparar a intervenção

> *Um dia Alice chegou a uma bifurcação na estrada e viu o Gato de Cheshire em cima da árvore.*
> *"Que caminho devo tomar?", ela perguntou.*
> *A resposta foi uma pergunta: "Aonde você quer ir?"*
> *"Não sei", respondeu Alice.*
> *"Então", disse o Gato de Cheshire, "o caminho não importa".*
> (*Alice no País das Maravilhas*, de Lewis Carroll.)

Para decidir como preparar uma intervenção sobre os comportamentos-problema dentro da sua sala é necessário definir claramente os objetivos que vocês desejam alcançar e, antes ainda, conhecer o terreno em que estão se movendo. Focar na meta lhes permitirá *definir a direção* para a qual é preciso se orientar com a criança e o grupo de classe, organizar as suas energias e planejar as etapas intermediárias durante o percurso. Compreender o terreno, por sua vez, será fundamental para decidir *como proceder*, adaptando os tempos, as modalidades e reconhecendo as necessidades dos seus pequenos alunos.

- Observem. Antes de decidir a direção e o percurso concedam-se um tempo para observar (pelo menos uma ou duas semanas). O tempo da observação atenta é sempre valioso, pois lhes permitirá reconhecer tanto as situações que criam desconforto para a criança quanto também como ela enfrenta as modalidades. Portanto, estejam presentes sem interromper um comportamento, a menos que seja estritamente necessário; às vezes, dar confiança à criança já lhe oferece aquela oportunidade de enfrentar os desafios e de encontrar as suas próprias modalidades de regulação. Reúnam informações sobre a intensidade e a frequência do comportamento-problema. A esse respeito será útil a já citada "Tabela de observação". A ficha foi preparada para observar o comportamento de hiperatividade, mas vocês também poderão adaptá-la para o registro de comportamentos de desatenção ou de impulsividade. Por meio dessa ficha, vocês poderão reconhecer, por exemplo, quais são as atividades e os campos de experiência nos quais a criança tem uma maior capacidade de adaptação e aqueles em que o comportamento-problema se apresenta com maior intensidade e frequência. Com base nas informações, vocês poderão projetar Unidades Didáticas de Aprendizagem que dosem de modo equilibrado a tipologia de compromissos a serem propostos.

○ **Observem para compreender a função comunicativa.** A criança fala por meio do corpo e das ações. Antes de escolher a estratégia educativa mais funcional para a sua intervenção, sempre se façam a pergunta: "O que a criança está me comunicando com esse comportamento?" Poderá ser útil manter um diário baseado na "Tabela de análise funcional", no Apêndice. Escolham o comportamento-problema sobre o qual vocês consideram oportuno trabalhar, focando a sua atenção no que a criança está fazendo e evitando interpretações prematuras. Anotem as suas observações sobre as características do ambiente físico e social presentes antes do momento em que o comportamento se ativou (antecedentes): O que estava acontecendo? Com quem ela estava? Qual era o seu nível de atividade? Quanto tempo durou a atividade? Todas essas informações serão importantes para reconhecer eventuais recorrências no comportamento. Anotem também tudo o que ocorre *depois* que o comportamento-problema se verificou: O que ela obteve? O que melhorou o comportamento e o que piorou? A ficha será útil não só nas situações em que o comportamento produziu resultados negativos, mas também para registrar todas aquelas condições em que as crianças puderam utilizar os seus recursos. As observações de vocês – especialmente se forem repetidas ao longo do tempo e integradas com o profundo conhecimento da criança – permitirão que formulem hipóteses sobre a função do comportamento-problema e sobre a necessidade que subjaz a ele. Vocês podem buscar ajuda para a interpretação das suas observações na tabela "Função do comportamento", no Apêndice. Dentro dela encontrarão uma síntese de algumas possíveis funções do comportamento e algumas indicações para organizar o seu trabalho. Tornem a prática de registro das suas observações um hábito constante para manter a memória dos eventos significativos (positivos ou não), mas também para refletir com maior distanciamento e lucidez sobre as situações que muitas vezes se tornam difíceis enquanto vocês trabalham em sala de aula.

○ Planejem. As suas observações serão valiosas para organizar um plano de intervenção calibrado a partir das características e das necessidades da criança e da sua classe. Dentro do livro vocês encontrarão muitas estratégias que poderão ser úteis para definirem o seu projeto. Tenham em mente a importância de uma abordagem gradual e baseada na área do desenvolvimento proximal. Partam sempre da experiência da criança, porque tudo o que já pertence ao repertório de conhecimentos e comportamentos lança as bases para o seu próprio senso de segurança e autoeficácia. Recorram à sua imaginação e criatividade para tornar mais agradáveis e significativas as experiências de cada dia. Sejam previsíveis e coerentes, permitam que as crianças reconheçam a estrutura da jornada escolar e antecipem o comportamento de vocês ("Quando eu me comporto deste modo, a professora..."). Usem imagens, referências visuais ou exemplos práticos para tornar mais compreensíveis as instruções ou os pedidos. Estruturem as transições usando cantigas de roda ou músicas.

A esse respeito, a cantiga de roda poderá lhes ajudar a levar as crianças para a posição de atenção. Depois, construam atividades que permitam que todos se sintam incluídos e treinem juntos as suas próprias habilidades de autorregulação, como na brincadeira Toca aqui.

Brincadeira: *Toca aqui*

Esta brincadeira treina as crianças nas habilidades de autorregulação atencional e comportamental. Pode ser utilizada como um momento de pausa motora em atividades que requeiram um empenho cognitivo prolongado.

Espaços: em sala de aula ou salão.

Instruções: Disponham as cadeirinhas em círculo e façam com que as crianças se sentem na posição de atenção (bumbum posicionado na cadeira/banco, costas retas e pés no chão). Digam o nome de uma ou mais crianças, escolhendo entre aquelas que estão prontas com o corpo para participar do jogo: "Vamos ver quem está na posição certa para brincar". As crianças terão que se levantar para bater na mão de um colega ("toca aqui"), de acordo com as indicações de vocês. Forneçam instruções curtas e claras com base em:

- Referências topológicas: *Bata na palma da mão de:* "uma menina que está longe/perto de você", "um menino que está na frente de...", "um menino que está a três passos de..."
- Referências visuais: *Bata na palma da mão de:* "um menino de camiseta vermelha", "uma menina de olhos azuis".

Vocês também podem variar a modalidade de aproximação ao colega: *Mova-se* rápido/lento, pulando como um sapo, de quatro etc.

Autoavaliem-se e avaliem

Usem as tabelas de "Autoavaliação" e de "Avaliação" no Apêndice para monitorar as suas estratégias educativas e registrar as mudanças nos comportamentos da criança.

Preencham-nas cerca de uma vez por semana, tendo o cuidado de considerar também as pequenas mudanças e anotem observações ou comentários que lhes orientem a modificar ou a intensificar as estratégias de abordagem das situações.

O diálogo escola-família

Construir uma sólida relação escola-família é fundamental para dar às crianças um sentimento de segurança e de confiança no mundo dos adultos ao seu redor. Para a criança, é importante saber que pais, mães e responsáveis têm confiança nos adultos a quem a confiam e que a escola, na sua especificidade institucional, representa uma extensão do ambiente familiar.

Estabeleçam desde o início uma boa relação professores-responsáveis, planejando encontros periódicos e evitando estabelecer relações exclusivamente reativas com base no surgimento de situações problemáticas. Ajudem pais, mães e responsáveis a compartilharem histórias e ideias sobre os próprios filhos ou filhas: serão pérolas preciosas para ampliar a imagem do seu aluno ou aluna e integrá-la ao conhecimento dos seus hábitos, das suas experiências e das nuanças emocionais com as quais a criança enfrenta as situações.

Utilizem as indicações da seção "O diálogo escola-família" no Apêndice para organizar a conversa sobre temáticas específicas que dizem respeito à criança e sigam o esquema proposto ao final desta seção para definir os conteúdos.

Nota: Para uma maior fluidez de leitura, o texto faz referência principalmente ao gênero masculino. No entanto, as situações comportamentais e as estratégias propostas são aplicáveis a homens e mulheres, sem distinção.

Hiperatividade

CAPÍTULO 1 LEVANTA-SE e circula pela sala

POR QUE FAZ ASSIM?

Porque a criança custa a se controlar e a manter a concentração por períodos prolongados.

Porque está capturada por muitos estímulos.

Porque se move quando sente a necessidade.

Porque as atividades se tornam rapidamente entediantes.

O QUE FAZER?

✓ **Estruturem** a atividade de modo claro e previsível.

✓ Insiram **pausas** de movimento ou **cantigas de roda** com gestos.

✓ Envolvam-na na atividade ou reduzam a sua duração.

✓ Atribuam-lhe uma **posição** que permita mais controle a vocês.

✓ Usem **indicadores espaciais** que a ajudem a reconhecer a sua posição.

✓ Valorizem os comportamentos corretos.

O QUE NÃO FAZER

✗ NÃO levantem a voz.

✗ NÃO prestem atenção *apenas* aos comportamentos perturbadores.

✗ NÃO digam: "Você está *sempre* em movimento" ou "Você *nunca* fica parado".

✗ NÃO esperem comportamentos autorregulados por períodos de tempo maiores do que as possibilidades da criança.

Análise do comportamento-problema

Manter a própria posição pelo tempo necessário para realizar as rotinas diárias (lista de presença, quadro de horários) ou outras atividades que requeiram a regulação do comportamento pode ser particularmente complicado para algumas crianças. Essas crianças manifestam uma necessidade repetida de se movimentar, têm dificuldade de ficar sentadas e tendem a circular pela sala, às vezes se escondendo debaixo das mesas.

Geralmente, trata-se de comportamentos não intencionais, mas determinados por uma necessidade interna de movimento que as impede de permanecerem engajadas em uma atividade por períodos prolongados. Esse comportamento nem sempre está ligado à sua falta de atenção. De fato, às vezes é possível descobrir que estavam acompanhando a atividade, mesmo que não estivessem fisicamente próximas ou parecessem estar envolvidas em outra brincadeira. Geralmente, a inquietação motora aumenta com o cansaço, o desinteresse ou a falta de envolvimento na atividade, e pode ser modulada pela proximidade e pelo contato físico do adulto.

Tenham sempre em mente que aprender a estar em grupo é uma premissa importante para fazer parte dele.

Como intervir

○ *Observem e registrem as características do comportamento para conhecê-lo.* Os níveis de inquietação motora podem variar com base no tipo de atividade, no estado emocional ou no momento do dia. Utilizem uma grade de observação que permita reconhecer quais condições melhoram o comportamento e os tempos de permanência nas atividades. (Cf. no Apêndice a "Tabela de observação" para registrar o comportamento.) As observações de vocês, principalmente se forem repetidas ao longo do tempo, lhes fornecerão elementos úteis para identificar as atividades nas quais a criança precisará mais da ajuda do adulto e nas quais será possível valorizar as competências iniciais de autorregulação. Elas também serão um instrumento valioso para verificar os seus progressos.

○ <u>Definam claramente as características da posição correta</u> (bumbum bem posicionado na cadeira/banco/tapete, pés no chão, coluna ereta). Discutam o assunto na "hora da roda" com todas as crianças da sala. Preparem uma imagem para pendurar na parede como um lembrete. Recitem pequenas cantigas de roda com gestos que tornem mais agradável a aproximação à posição correta. Proponham brincadeiras que treinem de forma divertida essa competência por curtos períodos de tempo.

○ <u>Ressaltem e descrevam os comportamentos corretos de todas as crianças</u>: "Vejo três crianças na posição de atenção com o bumbum bem sentadinho". Enfatizar o comportamento positivo permite que as crianças se sintam gratificadas e reconheçam modelos adequados ("Quando eu me comporto bem, a professora me vê!"). Ajudem a criança com dificuldade de assumir o comportamento de atenção por um período apropriado e conscientizem-na dos seus progressos, no mesmo momento em que ela põe em prática o comportamento desejado. Permitam que *todas* as crianças se sintam reconhecidas no seu empenho; escolham os objetivos a serem alcançados com base nas características de cada uma.

- *Tornem o espaço-base visualmente saliente.* Utilizem referências espaciais claras que permitam que as crianças tenham uma ancoragem visual: "Vamos ficar dentro da linha vermelha!" O comportamento de hiperatividade geralmente não tem caráter de intencionalidade: as crianças se movem porque não conseguem ficar paradas. Ter uma referência espacial específica pode ajudá-las a encontrar o seu lugar de modo autônomo e fornece aos professores e às professoras uma modalidade mais neutra para chamá-las de volta à posição: "Vamos voltar para dentro da linha vermelha!" ou "Costas bem grudadinhas na parede!"

- *Organizem breves pausas.* Antecipem a necessidade de movimento atribuindo tarefas que requeiram que a criança se levante para fazer algo útil (p. ex., colar uma figurinha no calendário) ou envolvendo todas as crianças em uma atividade divertida (como a brincadeira "Toca aqui!", p. 20).

O pacto educativo

Os comportamentos de hiperatividade geralmente estão presentes nos diferentes contextos da vida da criança (casa, esporte, atividades recreativas). O movimento e a vivacidade do comportamento são um valor positivo que se torna liberdade quando as crianças podem escolher entre parar ou continuar se movendo. Porém, quando há uma dificuldade de autorregulação, muitas vezes essa liberdade está em falta, porque as crianças são movidas por um motor interno que dificulta a possibilidade de parar.

Identifiquem com pais, mães ou responsáveis algumas situações para treinar a capacidade de "parar o motor" e permanecer sentado. Será importante definir juntos objetivos graduais calibrados a partir das possibilidades efetivas da criança. Uma situação que se presta ao treinamento de ficar sentado em casa é a hora do jantar: inicialmente, a criança pode ser convidada a se sentar à mesa pelo tempo necessário para terminar o primeiro prato, organizando depois (se necessário) uma breve pausa de movimento antes do próximo prato.

Os conselhos da especialista

- Criem uma relação positiva com a criança, ajudando-a a reconhecer que as nossas expectativas são calibradas a partir das suas possibilidades ("Você consegue!").
- Programem as atividades e a sua duração com base nas possibilidades efetivas de todas as crianças, alternando momentos de autorregulação com outros de relaxamento motor.
- Expliquem claramente quais são os comportamentos adequados, focando a atenção em aspectos concretos do ambiente: perceber o corpo, sentir o contato com a cadeira ou com o chão, observar aqueles indícios que definem as fronteiras de movimento (p. ex., o espaço da mesa, o tapete de relaxamento, a linha de partida preparada para aguardar a sua vez nas atividades motoras etc.).
- Enfatizem com entusiasmo os comportamentos corretos no mesmo momento em que ocorrerem.
- Deem inicialmente o apoio e a proximidade física de vocês às crianças.
- Estruturem as atividades de forma clara e previsível e escolham um sinal reconhecível que defina o fim das atividades.

CAPÍTULO 2
PERTURBA
os colegas

POR QUE FAZ ASSIM?

Porque a criança tem dificuldade de regular o seu comportamento.

Porque não sabe se organizar.

Porque quer evitar situações desagradáveis ou entediantes.

Porque quer chamar a atenção dos colegas e do professor ou professora.

O QUE FAZER?

✓ **Ignorem** os comportamentos levemente negativos.

✓ Interrompam os comportamentos **perigosos** ou repetitivos.

✓ Deem instruções **claras** sobre as regras de comportamento e as respectivas consequências.

✓ Usem a repreensão **centrada** no comportamento.

✓ Criem um clima de grupo **coeso**.

✓ Subdividam as atividades em **microunidades**.

✓ Identifiquem um espaço de **descompressão**.

O QUE NAO FAZER

✗ NÃO a rotulem com a frase: "Só você mesmo".

✗ NÃO ameacem tomar providências que não poderão tomar.

✗ NÃO amplifiquem o seu estado emocional. ("Se você continuar assim, ninguém mais vai brincar com você.")

Análise do comportamento-problema

Os comportamentos perturbadores durante as atividades em grupo podem se manifestar de vários modos e com diferentes níveis de intensidade. Por exemplo, as crianças podem dar breves gritos (baixo nível de intensidade) ou pegar o material dos colegas, rasgá-lo ou jogá-lo no chão (alto nível de intensidade).

Às vezes, esses comportamentos são determinados pela dificuldade de participar da atividade por ser considerada exigente demais, pouco estimulante ou incompreensível. Em algumas situações, as crianças podem ser orientadas a adquirir um papel social: fazer os seus colegas rirem ou chamar a atenção privilegiada do professor ou professora. Muitas vezes, tais comportamentos estão associados a uma imaturidade nas capacidades de autorregulação comportamental e emocional e à tendência natural de passar de uma atividade a outra com movimentos desorganizados.

Quando os comportamentos perturbadores se repetem ao longo do tempo, torna-se importante observar e analisar a situação para construir contextos educativos que respondam à necessidade de segurança e de domínio de cada criança.

Os conflitos e as problemáticas entre colegas são experiências que as crianças deveriam resolver principalmente com autonomia, apoiadas pela mediação do adulto, que permite transformar experiências caóticas em conteúdos mais compreensíveis e construtivos.

Como intervir

- *Observem para compreender a função do comportamento (para que serve?)*. Ao treinar as suas capacidades de observação, vocês logo conseguirão reconhecer as condições que aumentam ou diminuem a probabilidade de ocorrência dos comportamentos perturbadores. Trata-se de informações valiosas, porque permitirão que vocês entrem em contato com as necessidades da criança, sintonizem-se com ela e planejem ações para antecipar o aparecimento do comportamento ou para modular a sua expressão. (Cf. no Apêndice a Tabela "Funções do comportamento".)

o *Escolham atividades apropriadas e bem estruturadas.* Trata-se daquelas atividades em grupo nas quais todas as crianças podem se sentir participantes, capazes de se expressar e de se adaptar. Preparem-nas com explicações breves e claras. Organizem os materiais para que mesmo a criança com hiperatividade encontre um ambiente em que possa se sentir protagonista da sua experiência. Subdividam as atividades em microunidades para ajudá-la a alcançar micro-objetivos. Caso percebam dificuldades particulares na regulação autônoma, trabalhem lado a lado ou, se possível, ativem um projeto de tutoria por pares, escolhendo um colega mais velho ou experiente para ajudá-la na organização do trabalho.

o *Ignorem os comportamentos perturbadores levemente negativos.* Nem todos os comportamentos requerem a intervenção de vocês ou devem ser interrompidos pela raiz para evitar conflitos. As crianças têm o direito de encontrar o seu modo de estarem juntas, defenderem-se, negociarem e encontrarem um equilíbrio de grupo. Concedam o tempo para que ela encontre os seus próprios ajustes, assegurando-se de que não surjam situações de desconforto prolongado. Lembrem-se também de que os períodos de atenção têm uma duração limitada, e o interesse pelas atividades propostas geralmente é fragmentado. Mover-se por estar capturado pela atividade de outros colegas pode ser um estímulo natural e apropriado, que requer a intervenção de vocês apenas quando o comportamento causa danos ou está associado a um estado de mal-estar.

○ *Estabeleçam breves regras de comportamento e sejam coerentes na sua aplicação.* Escolham regras adequadas ao nível de desenvolvimento das crianças. Nunca definam objetivos que vocês sabem que não podem ser alcançados ou que exijam que as crianças deem passos grandes demais em relação às suas possibilidades. As regras devem ser poucas e específicas, com o objetivo de estruturar a/o brincadeira/trabalho e facilitar a harmonia do grupo. Lembrem-nas com frases curtas antes do início da atividade.

○ *Interrompam os comportamentos perigosos ou prolongados no tempo.* Quando o comportamento de hiperatividade se associa à destrutividade do trabalho dos colegas ou a situações de desconforto, interrompam-no com uma breve repreensão verbal "Pare!" ou afaste fisicamente a criança da situação em que está envolvida.

pare

O pacto educativo

Pais, mães e responsáveis também podem oferecer uma importante contribuição para a promoção das habilidades de autorregulação da criança, ajudando-a a reconhecer as suas necessidades e a encontrar modalidades mais funcionais para a sua expressão.

Compartilhem com eles as suas observações, descrevendo de modo neutro o comportamento e os episódios que vocês consideram mais significativos. Ofereçam possíveis explicações sobre a natureza da necessidade e sobre o projeto educativo de vocês. As estratégias que se mostraram funcionais para vocês também serão uma válida ajuda para pais, mães e responsáveis na mediação dos comportamentos perturbadores na família, com os irmãos e irmãs ou em outras situações sociais. Além disso, a identificação de objetivos comuns ajuda a criança a se sentir no centro de um projeto educativo claro e coerente.

Para organizar um diálogo escola-família eficaz, partam das indicações presentes no último parágrafo do Apêndice.

Os conselhos da especialista

Lembre-se sempre de punir ou repreender o comportamento inapropriado (*O que a criança faz:* "Você bagunçou os brinquedos!") e nunca a criança (*Quem ela é:* "Você é um furacão!"). Com base no seu nível de desenvolvimento, vocês podem aprofundar a descrição do comportamento, acrescentando breves informações úteis:

- Descrição do comportamento: "Você rasgou o desenho da Júlia, isso não se faz!"
- Explicação de por que o comportamento não está certo: "Júlia gostava muito do desenho dela. Agora, ela não tem mais e também está triste e zangada".
- Reconhecimento da necessidade subjacente ao gesto: "Será que você queria brincar com a Júlia, mas não sabia como fazer?"
- Possíveis alternativas ao comportamento: "Da próxima vez, você também poderá fazer um desenho perto da Júlia".
- Consequências naturais: "Agora, a Júlia está irritada e não quer brincar. Vocês podem fazer isso em outro momento".
- Proposta do que fazer para reparar a situação: "Você pode fazer um gesto gentil para a Júlia. Por exemplo, pedir desculpas a ela".

CAPÍTULO 3
DEIXA TUDO
bagunçado

POR QUE FAZ ASSIM?

Porque a criança não sabe se organizar.

Porque é capturada por outras atividades.

Porque o seu comportamento é caótico.

Porque não sabe como fazer.

Porque tem dificuldade de coordenar o movimento.

O QUE FAZER?

✓ Estabeleçam **rotinas** de reorganização.

✓ **Ensinem** a criança a organizar.

✓ Coloquem um **tutor** ao seu lado.

✓ Organizem os materiais atribuindo um lugar **fixo** para cada um.

✓ **Diferenciem** o momento da brincadeira do momento da reorganização.

✓ Façam com que o **cuidado** dos materiais faça parte da jornada.

O QUE NÃO FAZER

✗ NÃO a repreendam por aquilo que ela não sabe fazer.

✗ NÃO abandonem o projeto de vocês.

✗ NÃO deixem que ela use muitos materiais ao mesmo tempo.

✗ NÃO tornem a atividade de reorganização um favor pessoal.

Análise do comportamento-problema

As crianças aprendem sobretudo fazendo: manipulando, desmontando, construindo. Muitas descobertas e aquisições de competências passam por uma confusão inicial que, às vezes com a mediação do adulto, adquire forma. A desordem e o sujar-se fazem parte integrante de muitas brincadeiras, e seria ingênuo, senão contraproducente, pensar em reprimi-los. Portanto, não confundamos o fato de estar ativo em um projeto ainda pouco definido com uma dispersão mais geral de energias e incapacidade/imaturidade em organizá-las.

A dificuldade de controlar o próprio comportamento pode ser visível não só na utilização caótica dos materiais durante a brincadeira, mas também na falta de cuidado com que a criança os trata. Os seus sentidos se sobrecarregam facilmente, e diante de uma variedade de estímulos, a criança não sabe geri-los.

Como intervir

- *Organizem os materiais de forma simples e estável.* Cada coisa em seu lugar, um lugar para cada coisa. Organizem um ambiente ordenado, no qual as crianças possam treinar a si mesmas para reconhecer a posição dos materiais e gradualmente se tornarem autônomas na sua utilização. Decidam quais materiais podem ser alcançados pelas crianças com autonomia e quais devem ser dispostos de modo que a mediação de vocês seja necessária (objetos perigosos ou frágeis). Utilizem preferencialmente grandes recipientes transparentes, que permitam subdividir os jogos e brinquedos por categoria (construções, quebra-cabeças, bonecas, utensílios de cozinha) e colem um adesivo com uma imagem representativa que torne o seu conteúdo reconhecível.

○ *Não sobrecarreguem as capacidades de organização com um número excessivo de materiais.* Definam o número máximo de brinquedos/materiais que a criança pode ter à disposição. Acostumem-na a guardar o material antes de pegar um novo jogo ou brinquedos e, se necessário, organizem sequências visuais para ajudá-la a lembrar da regra. Simplifiquem o ambiente removendo, quando possível, os fatores de estresse ambiental, como a densidade dos materiais.

○ *Organizem o ambiente da sala de forma clara.* A organização do espaço informa e forma o pensamento. Provavelmente, vocês já subdividiram o espaço da sala com base em uma função específica:

1) Acolhida e conversas amigáveis.
2) Jogos de tipo construtivo intuitivos e lógicos.
3) Jogo simbólico.
4) Atividades gráfico-expressivas.
5) Espaço tranquilo para a calma e o relaxamento etc.

Se necessário, definam o número máximo de crianças que podem acessar cada área e usem referências concretas para melhorar as capacidades de auto-organização. Vocês podem, por exemplo, utilizar um certo número de prendedores de roupa coloridos que as crianças colocarão na camiseta ou no avental para acessar um determinado espaço. Se os prendedores acabarem, será preciso esperar a sua vez.

○ *Estabeleçam rituais de arrumação.* Decidam um sinal que ajude as crianças a reconhecerem o término das atividades (p. ex., o som de uma sineta) e deem a todos alguns minutos para o momento da arrumação. Acompanhem a atividade com algumas cantigas de roda ou outras canções que as ajudem a realizar essas operações. As cantigas de roda serão uma valiosa ajuda tanto para tornar esse momento ainda mais específico quanto para melhorar o envolvimento e a atenção.

○ *Utilizem a tutoria por pares.* As atividades de arrumação precisarão inicialmente da mediação de vocês para que a criança adquira os automatismos básicos. Trabalhem com sequências curtas e, quando forem adquiridas, coloquem um colega mais experiente ao lado da criança com dificuldade, que sirva de modelo na consolidação e na ampliação do que foi aprendido. As crianças aprendem por imitação. Atribuam atividades de complexidade e duração calibradas, para que a tarefa seja satisfatória para todos. Quando a criança com dificuldade for suficientemente experiente, poderá se tornar uma tutora para os mais novos ou inexperientes.

○ *Ajudem a reconhecer a beleza de um ambiente organizado.* Concluam cada atividade de arrumação com um grande aplauso coletivo e com observações que ajudem todos a reconhecerem o valor estético ("Como a nossa sala está linda agora!") e funcional ("Agora será mais fácil encontrar os nossos brinquedos!") de habitar em um espaço agradável.

O pacto educativo

O cuidado com os materiais e a sua reorganização requerem hábito, mas também o tempo certo. Muitas vezes, na vida de todos os dias, as palavras mais comuns são "Rápido! Se apresse!", e a lentidão ou a desorganização podem levar pais, mães e responsáveis a se substituírem no papel do filho ou filha. Convidem a família a identificar um espaço-tempo adequado para permitir que a criança dê o seu melhor e exercite aquelas competências de precisão e coordenação que não são inatas, mas que requerem treinamento.

Pais, mães e responsáveis também poderão construir ambientações de jogo e brincadeira agradáveis. Será divertido, por exemplo, apagar as luzes e, com lanternas em mãos, ir juntos à caça de objetos em desordem, ou transformar a sala em um salão de baile de um belíssimo castelo a ser arrumado para uma "valsa com fantoches".

Os conselhos da especialista

Acostumem a criança a ser bem-sucedida naquilo que faz, formulando pedidos alinhados com as suas características e limitando, na medida do possível, as repreensões. A criança não percebe imediatamente os benefícios dos hábitos nos quais está trabalhando. De fato, a repreensão pode ser vivida como um elemento de frustração e ameaça, que a faz perceber a ação correta como adesão a um limite ou a uma regra imposta, e não uma modalidade para se sentir bem. Substituam as argumentações em forma impessoal ("É preciso colocar no lugar") por argumentações pessoais ("Quero que você coloque no lugar"), para que a criança perceba a sua ação como parte de um ritmo de grupo em favor de todos. Desse modo, vocês trabalharão tanto na aquisição das habilidades de reorganização quanto no seu senso de pertença e cooperação.

Para melhorar os tempos de permanência na atividade, vocês podem utilizar "instrumentos temporais". Depois de verificar que a criança é capaz de arrumar, forneçam-lhe uma ampulheta com duração de 1-2 minutos para permitir que ela reconheça quanto tempo é preciso para completar o trabalho. Parem a contagem do tempo quando houver interrupções e avaliem juntos no fim como foi.

CAPÍTULO 4 QUEBRA
os materiais

POR QUE FAZ ASSIM?

Porque a criança é curiosa e quer descobrir como os objetos são feitos.

Porque é desajeitada e não sabe calibrar a própria força.

Porque está pouco concentrada e não olha para o que está fazendo.

Porque desafoga suas emoções sobre os objetos.

O QUE FAZER?

✓ Forneçam-lhe materiais **adaptados**.

✓ Treinem a criança a reconhecer as **características** dos objetos.

✓ Estabeleçam **limites compreensíveis**.

✓ **Supervisionem** a utilização dos materiais frágeis ou perigosos.

✓ Construam um **léxico evocativo** com palavras que tenham significados pessoais.

✓ **Gratifiquem** cada pequena melhoria.

O QUE NÃO FAZER

✗ NÃO impeçam suas tentativas de exploração.

✗ NÃO forneçam materiais potencialmente perigosos enquanto a criança não estiver pronta para usá-los.

Análise do comportamento-problema

A atividade de destruição dos objetos pode ter muitas causas: o prazer de usar a própria energia física, a incapacidade de organização do gesto, a curiosidade pelo que está dentro de alguma coisa, o pouco conhecimento do valor dos objetos ou simplesmente a atitude maldosa em relação aos colegas ou a dificuldade de tolerar a frustração diante de jogos complexos.

Será importante observar o mundo com os olhos da criança para compreender suas habilidades, propósitos e dificuldades, e identificar a intervenção educativa mais adequada. Reconhecer os propósitos permite escolher intervenções calibradas e que não estejam em contraste com os esforços e o empenho da criança.

Por isso, será fundamental entender se, na base da atividade de destruição, que existe uma tentativa de experimentação que leva a decompor/analisar o objeto, para diferenciá-la do desafogo desordenado. Muitas vezes, as crianças com dificuldade de regulação usam os materiais de modo caótico, sem dosar a força e direcionando as próprias energias emocionais para o objeto.

Como intervir

○ *Melhorem a conscientização em relação aos objetos.* Detenham-se nas sensações táteis ligadas aos objetos e à sua exploração. Planejem atividades que ajudem a criança a se deter a contemplar as diferentes características dos materiais por meio da percepção tátil (quente/frio, liso/áspero, duro/macio, pesado/leve), associando-as eventualmente à própria experiência subjetiva (gosto/não gosto). Convidem a explorar os materiais com os dedos, sem a ajuda do canal visual, favorecendo a análise da superfície e dos contornos para descobrir a sua identidade. Vocês também podem organizar brincadeiras como o jogo da memória sensorial, que permite reconhecer as cartas iguais apenas por meio do tato: as imagens dos elefantes estão nas cartas grandes, as das formigas nas cartas pequenas, a carta com o gato tem o verso peludo, a da ovelha tem fios de lã etc. As atividades de manipulação e reconhecimento tátil serão muito úteis para melhorar a atenção da criança às características perceptíveis dos objetos e à sua representação mental.

- *Treinem a capacidade de modular o gesto.* Atribuam tarefas de responsabilidade que ajudem as crianças a compreender a diferença entre gestos rápidos e modulação do próprio comportamento. Mediante a experiência e suas consequências, será mais simples fazer com que elas entendam a importância do próprio corpo. Por exemplo, vocês podem pedir para que elas tragam um copo d'água, gesto que requer coordenação psicomotora para não se molhar, ou que tirem o pó das folhas de uma planta com delicadeza para não quebrá-las. As atividades serão uma referência útil para lembrar o tipo de força a ser aplicada em determinadas atividades, como "acariciar a mão de sua colega com a delicadeza da folha" (léxico evocativo baseado na experiência).

- *Ajudem a categorizar* quais são os objetos desmontáveis e quais requerem atenção especial. Vocês podem preparar uma caixa de objetos comuns em desuso para esse fim. Façam com que a criança peça permissão para usar objetos frágeis ou perigosos.
- *Preparem materiais para os momentos de desorganização motora relacionados à ativação emocional.* Nas situações em que a criança sinta a necessidade de desafogar sua energia física nos objetos, forneçam-lhe materiais que satisfaçam sua necessidade de modo funcional: torres para construir e depois destruir, massinha de modelar para manipular, folhas de papel para amassar, papel e canetinhas para rabiscar.

- *Modulem o "descontrole" comportamental associado à frustração.* Às vezes, as crianças batem nos objetos porque não conseguem fazê-los funcionar como gostariam. Validem a emoção com base na frustração ("eu entendo que você está irritado ou que se machucou"), mas estabeleçam limites claros para o comportamento ("isso não se faz!"), sugerindo atividades físicas alternativas ("para brincar bem, você precisa de calma, então agora caminhe um pouco, batendo os pés com força por toda a sala e tente novamente quando estiver tranquilo"). Treinem calma e autoridade.

O pacto educativo

As crianças nos observam. Os adultos de referência são modelos fundamentais para o desenvolvimento de competências. Todo pai, mãe ou responsável certamente já notou no próprio filho ou filha algumas atitudes típicas suas, do adulto. Pensemos na criança que finge que está cozinhando ou que se aproxima do computador se movendo como viu o pai, a mãe ou o responsável fazer.

Convidem pais, mães e responsáveis a realizarem atividades de manipulação com a criança, como cortar, encaixar, construir e até destruir (sempre com segurança). Façam acordos sobre os objetivos a serem buscados, assegurando-se de que sejam alcançáveis, e validem cada pequeno sucesso. Se a criança conseguiu empilhar três cubos pela primeira vez, esse será um esplêndido resultado para se alegrar juntos!

Os conselhos da especialista

Aqui está uma atividade de que as crianças gostam muito e que incorpora muitos dos aspectos que mencionamos anteriormente: a "batalha de papel".

- Preparem algumas folhas de papel e convidem as crianças a amassá-las para fazer bolinhas. Façam com que escutem o barulho do papel e sintam sua consistência. Vocês obterão bolinhas perfeitas para começar a "batalha"!

- Organizem um espaço amplo e livre de obstáculos, e dividam-no com uma linha central para criar dois espaços de jogo. Dividam as crianças em duas equipes com o mesmo número de bolinhas (como indicação, duas por criança).

- Ativem o cronômetro, programando-o com um tempo máximo de dois minutos: cada equipe terá que jogar as bolinhas no campo adversário, recolhendo e jogando de novo aquelas que ficarem em seu próprio campo.
- Ao som do cronômetro, as crianças terão que interromper o jogo e recolher as bolinhas que ficaram no seu campo.
- Disponham as bolinhas em duas fileiras (uma por equipe) para observar qual fileira será mais curta e, então, anunciem a equipe vencedora. Vence a equipe com menos bolinhas de papel no próprio campo.

Esse jogo é muito útil tanto para trabalhar o gesto motor (amassar, pegar, arremessar) quanto as habilidades de análise visuoespacial (buscar as bolinhas no próprio campo, observar as trajetórias).

Também será uma atividade prazerosa e divertida, que favorece o defluxo da energia motora e o uso consciente da própria força.

Para tornar a atividade mais dinâmica, vocês podem substituir o cronômetro por uma música ou uma cantiga, interrompendo o som para definir o fim da batalha.

Impulsividade

CAPÍTULO 5 INTERROMPE

e é invasiva

POR QUE FAZ ASSIM?

Porque a criança tem dificuldade de esperar.

Porque ainda está em uma fase de egocentrismo e precisa se fazer notar.

Porque é movida pelo desejo de participar.

Porque não consegue frear o impulso.

O QUE FAZER?

✓ **Antecipem** o comportamento correto.

✓ Treinem o pensamento **reflexivo**.

✓ **Modelem** a linguagem interna.

✓ **Narrem** experiências de autorregulação.

✓ Sejam firmes, mas **acolhedores**.

✓ Façam comentários **positivos** quando a criança tiver comportamentos positivos.

O QUE NÃO FAZER

✗ NÃO punam a criança com tempos de espera excessivos.

✗ NÃO a julguem.

✗ NÃO considerem esse comportamento como algo intencional contra vocês.

Análise do comportamento-problema

As crianças que custam a controlar o impulso de interromper podem manifestar comportamentos aparentemente prepotentes e pouco respeitosos pelas normas sociais comuns. Na base disso, não há necessariamente um escasso senso moral, mas provavelmente uma incapacidade de controlar a ação "física", embora se saiba qual é o comportamento correto a seguir.

Por exemplo, pode acontecer que, mesmo uma criança no último ano da Educação Infantil, continue falando e interrompendo os colegas e o professor ou professora, apesar de a regra "tenho que levantar a mão para falar" ter sido repetida inúmeras vezes para ela. A regra já é conhecida, mas a incapacidade de a criança parar ainda não permite que ela seja aplicada.

Como intervir

- *Considerem a capacidade de parar como uma habilidade a ser ensinada.* Se vocês começarem a ver a autorregulação como uma habilidade que deve ser ensinada e sobre a qual é preciso iniciar atividades de treinamento, será mais fácil escolher o tom e o conteúdo dos seus *feedbacks*. Acostumem as crianças a desenvolverem o autocontrole antecipando ou regulando o comportamento com palavras curtas, acompanhadas de gestos. Testem esta sequência de três vocábulos. A primeira palavra será "Pare", para interromper o comportamento em andamento:

usem-na junto com a mão aberta com a palma voltada para a criança. A segunda deverá ajudar a criança a gerir a condição de espera: usem a palavra "Espere" e, a partir do sinal de pare anterior, aproximem lentamente o indicador da palma da mão. O gesto será ainda mais significativo se a criança tiver clareza sobre qual comportamento vocês esperam dela naquele momento. Por exemplo, cruzar e acariciar os braços para gerir melhor o corpo. Por fim, uma vez recuperada a capacidade de autocontrole, passem para a terceira fase, a do "Já!", na qual vocês soltarão o indicador e farão com que ele se encontre com o polegar, formando o círculo típico do gesto "Ok!"

- <u>Relembrem a regra para as conversas em grupo.</u> A regra pode ser "tenho que levantar a mão para falar", mas vocês podem enfatizar ainda mais o momento inicial, preparando um instrumento que funcione como um microfone e que vocês darão para as crianças para autorizá-las a falar.
- <u>Não as façam esperar muito.</u> As ideias não ficam por muito tempo na mente das crianças, e vocês correm o risco de deixar os pensamentos delas escaparem. Se a criança falar sem antes pedir a palavra, interrompam o comportamento, relembrem a regra, esperem até que ela tenha pedido a palavra e, logo depois (deem a palavra primeiro a uma criança com a mão levantada), deixem-na falar. Tentem separar dentro de vocês o estado emocional (neutro) com o qual vocês solicitarão a aplicação da regra daquele estado emocional (participado, interessado) com o qual vocês ouvirão a narração da criança.

○ *Treinem o pensamento reflexivo.* Um modo simples de treinar o pensamento reflexivo é substituir as perguntas fechadas por perguntas abertas. De fato, nas perguntas com resposta fechada, a solução é imediata e já disponível: a criança pode se limitar a responder com um *sim* ou um *não* ("Você tem lápis para desenhar?"). Já as perguntas abertas requerem um raciocínio e um momento de reflexão, embora breve, antes de responder ("Do que você precisa para desenhar?"). Se a criança manifestar dificuldade, vocês podem começar propondo que ela escolha entre duas ou mais opções ("Você precisa de lápis, giz de cera ou canetinha para desenhar?"), que prepararão o caminho para uma resposta reflexiva.

○ *Pensem em voz alta.* Os processos de planejamento de vocês são em sua maioria automáticos, fruto de um longo e inconsciente treinamento que lhes permitiu internalizar as autoinstruções verbais. As crianças, por sua vez, precisam falar em voz alta para desenvolver a própria linguagem interna. Não as bloqueiem quando falarem sozinhas durante uma atividade; pois, precisamente nesses momentos, elas estão treinando as funções executivas e os processos de planejamento. Em vez disso, será útil que elas tenham à disposição modelos de adultos que verbalizam as sequências das ações. Para fazer isso, vocês podem se basear nas suas experiências pessoais: "Que fome!" (*Necessidade urgente.*) "Vamos ver quanto tempo falta..." (*Estratégia de gestão da espera.*) "Mais um pouco, e eu vou poder comer!" (*Tolerância à frustração.*). Ou vocês podem observar e contar as experiências das quais foram espectadores: "Hoje aconteceu uma coisa maravilhosa: Tatiana queria subir no balanço de Maria (*necessidade urgente*), mas Maria ainda queria se balançar (*desejo frustrado*); ambas ficaram calmas (*gestão emocional*), trocaram algumas ideias e, no fim, decidiram que cada uma iria empurrar a outra no balanço por cinco vezes (*estratégia de ação*)".

O pacto educativo

As crianças em idade pré-escolar tendem a focar a atenção em si mesmas. Quando a atenção do adulto é absorvida por outra coisa, desencadeia-se nas crianças o desejo de ativar comportamentos para chamar a atenção; é uma experiência comum para a maioria dos pais, das mães e dos responsáveis ter dificuldade em falar ao telefone ou entre si.

Vocês podem compartilhar com os responsáveis algumas maneiras que sejam funcionais na educação de seus filhos e filhas para a espera e para o respeito pela própria vez. Diante de pedidos invasivos de interrupção será preferível convidar delicadamente a criança a aguardar a conclusão da conversa, tomando o cuidado para não se excederem nos tempos de espera (às vezes, até mesmo poucos segundos podem ser suficientes). Permitam que a criança gerencie a frustração um pouco de cada vez. As situações frustrantes não devem gerar desespero, mas ser toleráveis.

Depois, será fundamental "reorientar" plenamente a atenção para a criança, expressando interesse pelo seu pedido. Isso permitirá que ela se sinta importante e internalize gradualmente a satisfação da espera, conseguindo assim entender que cada coisa tem seu tempo.

Lembrem que, para educar para a paciência, o adulto também deverá estar em condições de não ter pressa!

Os conselhos da especialista

Os sistemas de reforço podem ser uma ótima estratégia tanto para incentivar o comportamento correto quanto para torná-lo mais visível e reconhecível. As crianças têm uma escassa percepção da passagem do tempo, vivem no "aqui e agora". Portanto, para serem significativas, as gratificações devem ser reconhecíveis e contingentes.

Proponham à turma um plano de treinamento sobre um comportamento específico que vocês consideram importante, realista e alcançável. Definam de modo operacional o comportamento correto (p. ex., levantar a mão para falar), preparem um número predefinido de cartõezinhos em forma de estrela (reforços simbólicos) e um cartaz que indique quantos serão e onde serão colocados. Escolham um prêmio que seja apreciado e que esteja relacionado, na medida do possível, ao tema do projeto.

Por exemplo, se vocês forem trabalhar sobre a capacidade de parar antes de falar, poderão oferecer como prêmio uma brincadeira do tipo "Prontos, preparar, já" (como "Estátua!" ou "O mestre mandou").

Acompanhem a brincadeira com palavras de incentivo: "Vocês fizeram um ótimo trabalho com as palavras e ganharam todas as estrelinhas! Agora vamos desafogar com o corpo!"

Organizem sessões de treinamento breves, assegurando-se de que todas as crianças se sintam competentes e reconhecidas, cada uma pelas suas características: "Estas estrelinhas são uma conquista do Gui, da Ana e do Paulo, porque estão ouvindo os coleguinhas com atenção. Obrigado pela ajuda de vocês!" "Vou dar agora mesmo uma estrela para a Elisa, porque ela estava prestes a falar, mas conseguiu se lembrar da regra sozinha".

Durante o treinamento, segurem sempre uma estrela na mão e mostrem-na como um lembrete para as crianças que estão violando a regra e para estarem prontos para colocá-la no quadro para enfatizar o comportamento correto.

Aqui segue um esquema de trabalho.

Planejar	○ Como equipe docente, estabeleçam objetivos realistas, de acordo com as características da criança e úteis para trabalhar melhor, como "tenho que esperar a minha vez para brincar". ○ Identifiquem as modalidades com as quais vocês poderão ajudar a criança a ter sucesso (p. ex., reduzindo o tempo de espera, dando sinais específicos etc.). ○ Compartilhem o objetivo com a criança.
Agir	○ Acompanhem o projeto por duas ou três semanas. ○ Trabalhem com paixão, atenção e paciência, mas não tenham pressa nem esperem resultados imediatos. Às vezes, pode levar semanas antes que se possa observar mudanças. ○ Cultivem a esperança e verbalizem mensagens de confiança sobre as possibilidades de melhoria: "Agora você não conseguiu, então 'pise no freio' como você faz quando anda de bicicleta. Você vai ver que da próxima vez será melhor!"
Verificar	○ Façam um balanço do trabalho realizado: o que mudou? Vocês podem recorrer às tabelas de Autoavaliação e de Avaliação do comportamento, no Apêndice.
Melhorar	○ Façam modificações para melhorar ou atualizar o plano.

CAPÍTULO 6 — NÃO RESPEITA a sua vez

POR QUE FAZ ASSIM?

Porque a criança não consegue se regular. Seu comportamento é caótico.

Porque não tem paciência. É movida pelo princípio do "tudo aqui, agora e já".

Porque fica entediada e tem dificuldade de gerir essa sensação.

Porque é precipitada e não sabe esperar.

O QUE FAZER?

✓ Lembrem sempre a **regra** para ela.

✓ Usem **sinais** de início apropriados.

✓ Tornem **visível** a sequência da atividade.

✓ **Definam** o espaço de espera.

✓ Deem indicações temporais **concretas**.

✓ Fiquem **perto** dela.

✓ **Reforcem** seu comportamento positivo.

O QUE NÃO FAZER

✗ NÃO prolonguem o tempo de espera.

✗ NÃO culpem a criança.

✗ NÃO esperem que ela fique parada enquanto espera.

✗ NÃO perguntem por que ela faz isso.

Análise do comportamento-problema

"Prontos, preparar... Juliana, volte aqui!"
"Nunca é a minha vez!"
"Como a fila é cansativa! Ele quer ser sempre o primeiro, mas depois não fica parado por um segundo!"

A capacidade de esperar e respeitar a própria vez exige que as crianças tenham altas competências de autorregulação. Significa inibir o comportamento, gerir a expectativa por um tempo indefinido e estar pronto para a chamada do professor ou professora. Nessas situações, as crianças com impulsividade geralmente manifestam um comportamento pouco regulado e têm dificuldade de respeitar a sua vez nas atividades ou durante o início das rotinas. A maior dificuldade é conter o impulso de agir, mas não lhes perguntem por que elas fazem isso e continuam fazendo, apesar dos incessantes apelos, porque elas não saberão responder.

Como intervir

○ *Definam claramente o momento do "já!" (quando).* Estabeleçam um sinal de início da atividade que permita que a criança reconheça o momento de começar. Pode ser um sinal verbal ("Prontos, preparados... já!") ou combinado com um estímulo visual como uma placa de trânsito (verde de um lado e vermelho do outro). Usem também sinais verbais curtos ("Pare!") e visuais (placa vermelha) para interromper o comportamento inapropriado. Antes de qualquer atividade, relembrem a regra: "Só comecem quando eu disser 'já!'" ou "Só comecem quando eu disser o nome de vocês!"

○ *Tornem a sequência visível para reconhecer a própria vez.* Preparem uma tira de papel colorido e prendam com velcro em cima das fotos das crianças para mostrar a ordem de partida. Ofereçam ajudas verbais apontando para as fotos e lembrando à criança com dificuldade quanto tempo falta para a sua vez: "A primeira será a Tatiana, depois o Luís, o Jorge e o Ricardo". Tenham a perspicácia de colocar a criança com impulsividade entre as três primeiras para não a sobrecarregar excessivamente. A tira de papel com as fotos será um ótimo instrumento para ajudá-la a visualizar as etapas intermediárias antes da sua vez e, assim, tornar a espera mais manejável. Também será útil para desenvolver e treinar dois conceitos espaço-temporais fundamentais no âmbito da autorregulação: Jorge começará antes de Ricardo e depois de Luís. No caso de trabalhos em grupo, atribuam um símbolo a cada grupo e preparem uma tira de papel que mostre tanto o símbolo quanto as fotos dos participantes.

○ *Definam claramente o espaço de espera (onde).* Escolham o tipo de espaço com base na idade e nas características da criança. As crianças mais novas e com mais dificuldade de regulação se beneficiarão de um contexto de contenção, como o abraço do professor ou professora. Também serão úteis os espaços conhecidos que a "varinha mágica" do professor ou professora irá transformar, por pouco tempo, nas cadeiras ou nas almofadas da "calma". Cuidem para deixar sempre bem visíveis os limites espaciais da espera, para que a criança disponha de uma ancoragem perceptiva que a estimule a regular o comportamento. Para esse fim, são muito úteis as tiras de fita adesiva colorida a serem colocadas como ponto de ancoragem para as várias atividades: "Esperem a vez de vocês com os pés em cima da fita colorida".

○ *Treinem as habilidades de autocontrole.* Proponham brincadeiras de autorregulação usando os mesmos instrumentos que vocês utilizam nas atividades de todos os dias. Uma brincadeira típica para treinar a capacidade de parar e recomeçar é tocar uma música e fazer as crianças dançarem até que a música seja interrompida repentinamente pelo professor ou professora. Nesse momento, todas as crianças deverão ficar paradas e imóveis até que a música recomece. Utilizem nessa brincadeira o mesmo sinal de "Pare!" e de "Já!" que vocês usam nas atividades de rotina em sala de aula. Por exemplo, vocês podem usar a placa de trânsito para antecipar a parada (vermelho) e reiniciar a música (verde).

○ *Expliquem as consequências.* As crianças com dificuldade de regulação fazem um grande esforço para esperar; por isso, tentem adaptar os pedidos de vocês às reais possibilidades delas, mas também as ajudem a compreender as consequências das suas ações quando infringirem uma regra. As "penalidades" devem ser breves, como ficar sentadas por alguns segundos para se acalmarem e recuperarem o controle. Tomem cuidado para aplicar essas sanções com autoridade, mas não de modo culpabilizante ("é assim que funciona", e não "você está errada").

O pacto educativo

É difícil explicar a uma criança que esperar pode ser legal, mas com certeza todo pai, mãe ou responsável tem uma história maravilhosa para contar ao próprio filho ou filha para reviverem juntos a magia da espera, quando ele ou ela ainda estava na barriga ou era apenas um pensamento desejado. Há muitas atividades que pais, mães ou responsáveis podem fazer com a criança, como preparar um bolo ou uma pizza e esperar o tempo do cozimento juntos, ou plantar uma semente e regá-la dia após dia para vê-la crescer. Não se trata de atividades que resolvem a impulsividade, mas são muito importantes para construir uma cultura afetiva da espera e do cuidado.

Pais, mães ou responsáveis também poderão estimular nos pequenos a percepção da espera fornecendo referências concretas para gerir o tempo. Na linguagem cotidiana, é muito comum utilizar frases como "já vou" ou "espere um pouquinho" ou "me dê cinco minutos". As crianças em idade pré-escolar não dispõem da capacidade de compreender e gerir essas informações. Para ajudá-las, referências temporais concretas são úteis: "Vamos assistir a um desenho animado depois do jantar" ou "Vou te buscar depois do lanche".

Os conselhos da especialista

Uma das grandes dificuldades das crianças com impulsividade é respeitar a fila, pois a sua impaciência as leva a sair dela ou a querer ser as primeiras, às vezes passando por cima dos desejos dos colegas.

Então, por que não prever um número maior de filas? Organizem as crianças em grupos de quatro ou cinco, para permitir que mais colegas sejam os primeiros e os últimos da fila. Ter um número maior de filas também lhes dará a oportunidade de acostumar as crianças a se observarem, a se compararem e a identificarem a atitude e a posição mais adequadas para formar uma fila ordenada.

Deem um nome a cada fila ou simplesmente as numerem; desse modo, quando todas as crianças tiverem adquirido o senso de pertencimento ao seu grupo, não será mais necessário lembrar a criança individualmente pelo nome, mas bastará simplesmente lembrar que, por exemplo, a fila 3 ainda não está completa para sair. Este é um truque útil para desenvolver o senso de responsabilidade e cooperação de cada um, sem a intervenção direta do professor ou professora.

CAPÍTULO 7
PÕE-SE
em perigo

POR QUE FAZ ASSIM?

Porque a criança não prevê o perigo.

Porque o pensamento é mais lento do que a ação.

Porque ela não antecipa as consequências, vive no "aqui e agora".

Porque não leva o contexto em consideração.

Porque não aprende com a experiência.

O QUE FAZER?

✓ Ajudem-na a **categorizar** para reconhecer o perigo.

✓ **Repitam** as advertências com calma e paciência. É preciso tempo para que elas se tornem automatismos.

✓ Usem **imagens** como lembretes.

✓ **Supervisionem** a criança e fiquem perto dela, principalmente nas situações de maior desregulação.

✓ **Equilibrem** limites e autonomia.

O QUE NÃO FAZER

✗ NÃO a culpabilizem. Geralmente o comportamento não é intencional.

✗ NÃO ameacem punições que não possam manter.

✗ NÃO a assustem; o terror é inimigo da autorregulação.

Análise do comportamento-problema

O comportamento impulsivo não é necessariamente negativo. Muitas vezes, é justamente graças ao impulso que conseguimos enfrentar situações imprevistas, para as quais uma abordagem reflexiva levaria, antes, à paralisia da ação. A impulsividade, portanto, é um grande recurso, se bem direcionada e modulada. Mas a impulsividade de que estamos falando é a disfuncional; ou seja, aquela que a criança continua manifestando apesar dos repetidos testemunhos de perigo.

Na idade pré-escolar, as crianças começam a ter mais consciência das próprias ações e das consequências de determinados gestos e, portanto, encaminham-se para o desenvolvimento de comportamentos mais autorregulados. Por sua vez, as crianças com dificuldade de regulação tendem a se guiar pelas necessidades/desejos urgentes do momento e a não aprender com a experiência.

Como intervir

○ *Categorizem.* Observem a criança para antecipar quais são os tipos de perigo mais prováveis. Algumas crianças, por exemplo, são atraídas por escaladas impossíveis, outras colocam objetos perigosos na boca. Provavelmente, vocês não conseguirão prever tudo, mas a observação lhes guiará na organização dos espaços com segurança. Em geral, afastem cadeiras e bancos que possam facilitar o acesso a locais perigosos (p. ex., as janelas). Olhem o ambiente com os olhos e a altura das crianças.

- *Ajudem a criança a categorizar.* Cada ambiente está predisposto para algumas atividades: no cantinho da bagunça você pode brincar com as almofadas macias, fazer caminhadas, pular etc.; no cantinho das artes você pode desenhar, manipular, fazer colagens, ouvir histórias. É importante que as crianças estejam cientes das funções de cada ambiente, premissa fundamental para reconhecer também as suas diferenças; é possível escalar a torrezinha no jardim, mas não os móveis da sala de aula. Para facilitar esse processo vocês podem preparar imagens que exemplifiquem o uso correto dos móveis ou dos instrumentos e fixá-las na parede pelo tempo necessário.
- <u>*Insiram símbolos de "Pare!"*</u> Colem adesivos visíveis nos móveis e nos objetos que as crianças ainda não conseguem utilizar de modo apropriado. Vocês podem colocar triângulos amarelos, explicando: todas as vezes que elas virem aquele símbolo terão que tentar ativar todas as suas "superenergias" para parar e pedir a autorização do professor ou professora. Usem frases curtas: "Este triângulo significa: não se pode tocar".
- <u>*Não se machuque!*</u> Lembrem a criança que a segurança dela é importante e estejam junto dela para garantir isso.
- <u>*Treinem a competência em condições de segurança.*</u> Ajudem a compreender as consequências das ações, montando esquetes de exemplo com fantoches ou pedindo que as crianças encenem situações de perigo em potencial. Atividades como "Vamos fazer de conta!" são muito úteis não apenas para exercitar a imaginação, mas também para experimentar com segurança. Por exemplo, vocês podem representar a situação em que alguém desce as escadas com atenção, com-

pará-la com um esquete em que uma criança desce de modo descuidado, empurra um colega (de faz de conta!), e ambos caem no chão com dor no bumbum e com cara de choro.

O pacto educativo

Pais, mães ou responsáveis poderão lembrar às crianças as regras mais importantes para a segurança delas.

Antes de sair do carro, por exemplo, poderão lembrar todas as vezes que "é preciso dar a mão para um adulto no estacionamento". Quando a regra for internalizada, poderão dar mais um passo, perguntando diretamente: "Estamos chegando ao estacionamento, o que é preciso fazer?" Para tornar essa informação estável será necessário replicá-la com calma e constância. Também será fundamental ajudar a criança a compreender que o objetivo não é limitá-la na exploração, mas fornecer-lhe limites de segurança.

Pais, mães ou responsáveis poderão fazer pequenas experiências para permitir que eles mesmos e o pequeno possam dosar o complexo equilíbrio entre o desejo de liberdade/autodeterminação e o reconhecimento dos limites. Por exemplo, para responder ao desejo de caminhar de modo autônomo pela rua, poderão inicialmente escolher áreas com pouco trânsito e convidar a criança para caminhar por trechos curtos sem dar a mão, mas respeitando a seguinte regra: "É preciso ficar na calçada do lado do muro (não do lado do trânsito) e parar na placa de 'Pare'". Pais, mães ou responsáveis também podem dividir o percurso em pequenas etapas que ajudem a criança a reconhecer a liberdade e os limites: "Fique sempre na calçada e caminhe até o carro vermelho, aquele estacionado ao lado do carro branco. Está vendo?"

O objetivo desses ou de outros treinamentos semelhantes é ajudar o surgimento do senso de segurança e responsabilidade na criança e, ao mesmo tempo, promover a confiança no adulto. A educação para a segurança não pode se basear apenas no evitamento de situações, mas também deve levar à conscientização de que determinadas situações, assim como determinados objetos, se geridos de modo apropriado, podem estar ao alcance da criança.

Os conselhos da especialista

As crianças são naturalmente curiosas e aprendem a conhecer o mundo interagindo fisicamente com aquilo que as cerca. Elas adoram tocar, sentir e explorar, mas nem sempre reconhecem os sinais de perigo e muitas vezes não dispõem de habilidades de autorregulação suficientes para parar o comportamento. Portanto, pode ocorrer que elas se coloquem em condições de perigo e despertem em nós um grande medo em relação à sua incolumidade.

Ajudem a criança a perceber o perigo e as consequências de suas ações, mas não amplifiquem o medo com cenários apocalípticos ("Se continuar assim, você vai cair, quebrar a cabeça, e a ambulância vai levar você para o hospital") na esperança de que incutir medo ajude a criança a ficar mais atenta. A criança não deve se sentir insegura no movimento por perceber que ele é potencialmente ameaçador para si mesma. O terror é inimigo da autorregulação. Ajudem-na a compreender e a internalizar a diferença entre "o que pode ser feito" e "o que não pode ser feito".

Portanto, estabeleçam poucos limites claros e supervisionem a criança constantemente. De fato, em cada limite há um "NÃO" pensado para oferecer a proteção certa, mas também um "VOCÊ PODE" que garante o desenvolvimento da autonomia.

CAPÍTULO 8
NÃO INTERNALIZA
as regras

POR QUE FAZ ASSIM?

Porque a criança quer testar os limites.

Porque não compreende as regras ou não percebe a sua importância.

Porque às vezes as regras são muitas ou abstratas demais.

Porque o comportamento é mais rápido do que o pensamento.

O QUE FAZER?

✓ Estabeleçam regras **"boas"**.

✓ Fiquem calmos e sejam firmes na sua aplicação.

✓ Sejam **coerentes**, prometendo aquilo que podem cumprir.

✓ **Compartilhem** a regra entre adultos.

✓ Estabeleçam poucas regras **adequadas** à idade.

✓ Formulem as regras com **poucas palavras**.

✓ Sejam **sistemáticos** e previsíveis na sua aplicação.

✓ Preparem **imagens** que ilustrem a regra.

O QUE NÃO FAZER

✗ **NÃO se deixem dominar pelas emoções.**

✗ NÃO proponham um número excessivo de regras.

✗ NÃO peçam obediência sem dar explicações.

Análise do comportamento-problema

Às vezes, as crianças não respeitam as regras porque ainda não as compreenderam; outras vezes, porque o comportamento é mais rápido do que o pensamento. Neste caso, elas conhecem as regras, mas não conseguem parar em tempo suficiente para pô-las em prática.

As regras ajudam a redimensionar o senso de onipotência típico dessa idade. As crianças precisam saber quais são os limites pré-estabelecidos dentro dos quais elas podem se mover, e é importante que elas sintam que o adulto está no controle da situação. Embora possa ser desagradável, a regra oferece um senso de (proteção.)

Como intervir

○ *Estabeleçam regras claras e visíveis.* As regras devem ser compreensíveis, e são mais bem lembradas se forem conceitos curtos, expressados positivamente (dizem o que fazer de modo específico) e orientados para comportamentos concretos: "Quando o jogo acabar, vamos guardar os materiais na prateleira". "Vamos lavar as mãos". Representem o comportamento correto com uma imagem e afixem-na em um espaço visível. Mostrem-na antes da atividade, para lembrar como organizar o comportamento, e durante a atividade, como um lembrete.

- *Estabeleçam poucas regras.* É importante que as regras sejam poucas (de três a cinco) e monitoradas sistematicamente. Um número excessivo de regras não só seria difícil de monitorar, mas também seria pouco compreensível para as crianças, por ser dispersivo. As regras são fundamentais na vida de sala de aula porque representam os códigos do estar junto. Apoiem as crianças com segurança e afeto, garantindo as passagens certas, para que, ao longo do tempo, a direção na qual vocês estão trabalhando possa se transformar em um hábito. De fato, nessa idade, as regras não podem ser intelectualizadas; mas, por meio da prática, tornam-se parte de um esquema de ação.
- *Estabeleçam regras fixas.* A criança precisa saber o que pode e o que não pode fazer; se os limites mudam constantemente, ela se sente desorientada. Sejam firmes, coerentes e constantes, lembrando-se de que "ser firme" significa dizer *não*, mantendo a calma. Cuidar da disciplina e da organização não os levará a transformar a sala de aula de vocês em um quartel, mas permitirá que ajudem as crianças a reconhecerem essa previsibilidade, que será valiosa para o desenvolvimento da sua autorregulação. Quando uma regra estiver automatizada vocês poderão inserir um novo objetivo.
- *Estabeleçam regras adequadas.* As regras devem ser adequadas às características de desenvolvimento da turma e responder às necessidades de cada criança. Para escolher uma regra certa, verifiquem se ela responde a duas necessidades fundamentais: 1) permitir que a criança se sinta segura; 2) exercer a própria autonomia.

○ *Estabeleçam regras boas.* As regras também podem ter uma alma. O sistema de regras da sua sala de aula tem um valor imenso para tutelar as necessidades físicas, emocionais e relacionais dos pequenos. Portanto, não se limitem a comunicar as regras, mas personifiquem o seu valor. Estabeleçam uma relação de confiança com as crianças e sejam modelos estáveis e sensíveis com os quais elas possam se identificar. Tentem pensar quais são os princípios/valores que vocês consideram fundamentais para o trabalho com a sua turma (p. ex., "cuidar do bem comum" ou "que as crianças se sintam valorizadas e apoiadas nas suas atitudes") e escolham aquele ao qual dedicarão sua atenção de forma consciente.

○ *Não desistam.* Vocês certamente já devem ter dito: "Quantas vezes eu já lhe disse!" "Eu lhe digo isso o tempo todo!", com a sensação de que todo o fôlego que vocês usaram foi desperdiçado. O limite dessas frases é que elas correm o risco de trazer consigo uma espécie de julgamento implícito ("Você nunca vai mudar." "Você está errado(a)." "Você faz isso de propósito."), o que torna a regra na qual vocês estão trabalhando ainda mais antipática. Não assumam como evidente que a criança efetivamente a compreendeu. Às vezes, devemos ter confiança e insistir com paciência, porque os pequenos também aprendem por repetição.

○ *Fiquem calmos e firmes.* Se a criança não respeitar a regra, fiquem calmos e não se deixem sobrecarregar ou levar pelas emoções. As crianças reconhecem na força de vontade do adulto um modo para fortalecer a sua própria força de vontade. Portanto, sejam compreensivos, mas estabeleçam linhas de fronteira sólidas, com segurança.

○ *Cuidado com as mensagens não verbais.* A segurança com que vocês cuidam da sua turma transparece a partir de inúmeros indícios não verbais: o tom de voz (seguro e decidido), a postura (estável, mas acolhedora), o olhar (direto nos olhos para ter um contato). Monitorem as suas mensagens não verbais para se assegurarem de que a regra chegue às crianças de modo claro e contido.

○ *Sejam coesos e coerentes.* Comparem-se dentro do seu grupo de trabalho e estabeleçam regras que permitam que as crianças reconheçam uma estrutura de referência clara. É importante que elas identifiquem no seu ambiente limites estáveis e aplicados de modo coerente pelas pessoas que cuidam delas.

O pacto educativo

As indicações recém-descritas podem ser uma ajuda válida também para pais, mães e responsáveis.

Combinem com eles alguns comportamentos sobre os quais vocês podem trabalhar em sinergia (p. ex., "lavar as mãos antes de comer" ou "colocar a tampa nas canetinhas"), escolhendo objetivos facilmente alcançáveis, que respeitem os tempos de desenvolvimento e as características da criança.

Os conselhos da especialista

○ Quando vocês lembrarem a regra verbalmente, usem poucas palavras essenciais e utilizem indícios concretos. Por exemplo, "fiquem quietos" pode ser uma indicação genérica demais, porque a criança não tem consciência do seu movimento. Substituam-na por: "Fiquem sentados na cadeira", que indica diretamente o comportamento apropriado.

◦ Promovam o monitoramento da regra. Ao lado da imagem que representa a regra, coloquem uma escala graduada. Por exemplo, desenhem um semáforo na horizontal, que indique, da esquerda para a direita, os níveis de competência a partir das cores: vermelho (competência mínima), amarelo, verde e uma nuvem celeste sorridente (competência máxima). Usem uma seta indicativa ou um prendedor de roupa para indicar a habilidade da turma em respeitar a regra durante a jornada.

◦ Por fim, lembrem-se de que as crianças vivem no seu presente e nem sempre conseguem assumir o ponto de vista do outro. As indicações de vocês serão valiosas para reconhecer a correspondência entre a regra e seu significado mais profundo (o bem-estar pessoal e comum). Acompanhem a regra com a explicação: "Vamos falar baixinho. Os ouvidos de todos ouvirão melhor!"

Desatenção

CAPÍTULO 9
NÃO OUVE
as instruções

POR QUE FAZ ASSIM?

Porque a criança se distrai facilmente.

Porque não guarda as informações na memória.

Porque está projetada para agir e não se detém a escutar.

Porque tem dificuldade de esperar.

O QUE FAZER?

✓ Criem um contexto acolhedor e previsível.

✓ Usem **mediadores** externos.

✓ Cuidem dos aspectos **não verbais** da comunicação.

✓ Envolvam a criança.

✓ Deem indicações **breves e simples**.

✓ Lembrem frequentemente os **"segredos"** da atenção.

✓ Deem **exemplos** claros e de fácil compreensão.

✓ Verifiquem os níveis de **cansaço** nos vários momentos do dia.

O QUE NÃO FAZER

✗ NÃO deem muitas indicações ao mesmo tempo.

✗ NÃO estabeleçam objetivos que não poderão alcançar.

✗ NÃO façam discursos longos.

Análise do comportamento-problema

O momento em que fornecemos às crianças as indicações para o trabalho tem um valor não só cognitivo ("aprendo o que fazer"), mas também social ("estou com o meu grupo, estou dentro do grupo"). No entanto, justamente esse momento, especialmente quando realizado no grande círculo, é difícil para as crianças que não conseguem regular seu próprio comportamento.

O pedido implícito é de parar e prestar atenção às palavras do professor ou professora do modo o mais autônomo possível.

Ao comunicar as instruções ao grupo, a atenção do adulto está necessariamente distribuída a todas as crianças e não pode estar disponível individualmente. Muitas vezes, nessas circunstâncias, podem ocorrer comportamentos de perturbação, como se levantar e sair do círculo ou conversar e incomodar os colegas.

Como intervir

○ *Utilizem mediadores externos.* A atenção é uma função cognitiva que pode ser facilitada ou perturbada pelas demandas emocionais. Criem um ambiente sereno e acolhedor que prepare a criança para a escuta. Substituam as repreensões em voz alta pelo som de um instrumento musical ou de uma breve melodia musical (sempre a mesma), que sinalize a mudança de atividade e a necessidade de prestar atenção às palavras do professor ou professora. Treinem as crianças para a correspondência "som/comportamento", fazendo pedidos curtos e propostas

agradáveis que tenham a função de construir o clima de grupo adequado e a predisposição apropriada para a escuta. Proponham cantigas de roda ritmadas que orientem o olhar, os ouvidos e a postura para a escuta. Preparem no máximo três desenhos que sirvam de lembrete: dois olhos bem abertos, duas grandes orelhas de elefante, uma criança sentada na posição de escuta.

○ <u>Chamem a atenção de todas as crianças.</u> Organizem as crianças em círculo para que sejam facilmente visíveis por todos e estabeleçam um contato visual que comunique participação. Relembrem verbalmente, uma de cada vez, os "segredos" da posição de escuta, utilizando a forma pessoal no plural, com o "nós" ("Vamos abrir bem os olhos"), ou a forma impessoal ("Olhos abertos"). Passem o olhar e apontem a mão de vocês para indicar brevemente todas as crianças do círculo, gratifiquem com um sorriso e um aceno de aprovação aquelas que estão na posição de escuta e chamem de volta com o olhar, do modo mais calmo mas também mais firme possível, aquelas que ainda não se posicionaram. No caso de algumas crianças continuarem se mostrando distraídas – por exemplo falando –, usem a linguagem não verbal, aproximando-se e fazendo o gesto de silêncio, com o dedo indicador sobre a boca. Usem o lembrete verbal apenas se necessário: nessa fase, o objetivo de vocês é criar um clima de (participação) e de escuta compartilhado, em um espaço de grupo agradável. Se a criança com dificuldade não conseguir parar e escutar, mantenham-na perto de vocês, para ajudá-la a modular o comportamento, e façam-na perceber o próprio corpo com uma carícia nas costas.

o *Promovam a sinergia de grupo.* O grupo é um formidável aliado para a sintonização e a conexão. Estabeleçam rituais que ajudem todas as crianças a se sentirem parte da roda. Por exemplo, vocês podem convidá-las a se darem as mãos e, todas juntas, levantar vigorosamente os braços para o alto, para acumular a energia da escuta, e, depois, baixá-los lentamente com uma grande expiração, para recuperar o estado de calma. Repitam três vezes e deem um nome evocativo à atividade. Por exemplo: "a bomba de energia!"

o *Trabalhem sobre as consequências.* Ao recordar as regras da atenção vocês terão lançado bases sólidas para o controle dos *antecedentes*; ou seja, terão dado às crianças as condições para poderem organizar o comportamento de modo adequado. Estabeleçam também as *consequências* a serem adotadas, caso as regras não sejam respeitadas. Usem repreensões breves e, acima de tudo, neutras ("Vamos retomar a posição"). Troquem a criança de lugar, colocando-a perto de vocês ou de outros colegas que possam servir de modelo de atenção. Tentem cuidar dessa operação com calma e firmeza.

o *Forneçam poucas instruções, simples e breves.* A memória de trabalho das crianças em idade pré-escolar ainda está em fase de desenvolvimento, e, portanto, seria inútil fornecer indicações demais ao mesmo tempo. Escolham palavras que elas conheçam e as ampliem, eventualmente, em uma segunda repetição das instruções. Usem frases mínimas, expressadas na forma positiva ("o que fazer" e não "o que não fazer") e verifiquem a compreensão delas por meio de perguntas que pressuponham uma resposta breve (p. ex.: "Do que precisamos para este jogo?" "Quem começa?" "Onde vamos jogar?").

- *Cuidem da linguagem não verbal.* Usem um tom de voz claro e modulem-no com base nas exigências. Usem as mãos para enfatizar o que vocês estão dizendo. Procurem o contato ocular. Abaixem-se para que a criança possa vê-los.

O pacto educativo

A tarefa de vocês será definir objetivos claros e alcançáveis que as crianças possam buscar com facilidade. Em seguida, identifiquem os objetivos mínimos para a escuta das instruções, como, por exemplo, "assumo a posição de atenção" por um breve período, ou "fico em silêncio" para ajudar os outros a ouvirem também.

Compartilhem o objetivo preestabelecido com pais, mães, responsáveis e a criança. Será importante permitir que a criança tenha sucesso, lembrando-a brevemente e com cumplicidade do pacto e oferecendo-lhe ajuda (sem se substituírem a ela), quando necessário. Gratifiquem-na todas as vezes em que alcançar o objetivo; geralmente um sorriso, uma carícia ou um pequeno privilégio imediato (p. ex., começar o jogo primeiro) é suficiente, mas vocês podem avaliar se é preciso aumentar ainda mais a visibilidade da gratificação, premiando-a com uma pequena coroa, por exemplo. No fim do dia, valorizem ainda mais o sucesso alcançado, compartilhando-o alegremente com os responsáveis. O reconhecimento dos progressos será importante, tanto para a criança, que poderá consolidar a confiança em si mesma e em seus esforços,

quanto para o responsável, que se sentirá parte do projeto educacional e poderá orientar suas expectativas para objetivos alcançáveis.

No entanto, se a criança não conseguir respeitar o pacto, tentem identificar os motivos e, eventualmente, suspendam o procedimento.

Os conselhos da especialista

As crianças aprendem e compreendem sobretudo fazendo e imitando. Não percam a esperança se as virem distraídas durante um momento que exige muito em termos de autorregulação, mas definam pequenos objetivos segundo suas possibilidades e que lhes permitam participar na vida do grupo. O primeiro objetivo será alcançar, mesmo que por breves períodos, um comportamento suficientemente regulado entre os pares. Construam uma relação de confiança e, se necessário, tentem aumentar a sensação de segurança delas, mantendo-as perto de vocês e acariciando suas mãos ou suas costas.

Acostumem-nas a aprender por meio do exemplo de adultos e colegas. Antes de prosseguir com a nova atividade, peçam a um pequeno grupo de crianças, escolhidas entre as que estiverem atentas, que façam uma breve demonstração de como a atividade é realizada. Peçam a todos que observem e, a partir da demonstração de alguns colegas, que repitam as instruções. Nesse ponto, vocês podem prosseguir com uma nova demonstração, na qual também podem inserir a criança com dificuldade.

Uma expressão muito conhecida fala de "fatos, e não palavras"; neste caso, eu optaria pela frase "fatos e palavras".

Na tabela a seguir vocês encontram uma síntese para organizar melhor as instruções a serem dadas à criança.

Comunicação não verbal	○ Procurem o olhar e se comuniquem, certificando-se de estarem no campo perceptivo da criança.
Linguagem	○ Certifiquem-se de que as palavras sejam simples. ○ Usem frases curtas, definindo claramente o que fazer. ○ Sejam sintéticos.
Prosódia	○ Usem um tom de voz claro, soletrando as palavras importantes.
Verifiquem a compreensão	○ Façam perguntas para verificar a compreensão. Por exemplo: "Como é que fazemos esta atividade?"
Ofereçam exemplos	○ Antes de prosseguirem com o desenvolvimento da atividade, organizem pequenas esquetes de demonstração com algumas crianças da turma.
Jogos e brincadeiras	○ Treinem as crianças para que reconheçam a importância da espera ao acompanhar as instruções. ○ Uma brincadeira simples e divertida é "O mestre mandou...", na qual vocês vão dar instruções às crianças para fazerem determinados gestos (tocar as orelhas, o nariz, a ponta dos pés, um objeto vermelho etc.). As crianças terão que obedecer a ordem somente *quando* esta for introduzida pela frase "O mestre mandou..." Mas terão que ficar paradas se a ordem for dada *antes* de dizer "O mestre mandou..." As crianças que não respeitarem a regra são eliminadas da brincadeira.

CAPÍTULO 10 NÃO INICIA
a atividade

POR QUE FAZ ASSIM?

Porque a criança tem dificuldade de regular sua atividade fisiológica e é lenta para se "aquecer".

Porque não entendeu o que fazer e não tem consciência disso.

Porque está capturada por outros estímulos.

Porque está envolvida em outra coisa e não consegue reorientar sua energia.

O QUE FAZER?

✓ Despertem novamente os **sentidos**, sobretudo os que veiculam a atenção: visão, audição...

✓ Criem um contexto previsível.

✓ Usem **mediadores externos** sonoros e visuais.

✓ Envolvam a criança na atividade; tornem-na protagonista.

✓ **Certifiquem-se** de que as instruções são compreendidas.

✓ Planejem breves **atividades-ponte**.

✓ Criem **expectativa** e favoreçam o entusiasmo.

O QUE NÃO FAZER

✗ NÃO a repreendam.

✗ NÃO interrompam bruscamente a atividade.

✗ NÃO a ignorem.

Análise do comportamento-problema

A oficina de papel machê quase terminou, mas Fernanda permaneceu imóvel no banco, bocejando em silêncio e sem dizer uma palavra. Fernanda não tem problemas de linguagem, ela compreende as mensagens e fala corretamente sem constrangimento, mas às vezes parece se afastar e não começa os trabalhos.

Júlia, por outro lado, não ficou parada durante toda a atividade, conversou com os colegas, levantou-se várias vezes para caminhar pela sala, sem conseguir pegar nas mãos os materiais necessários. Júlia também não começou a atividade.

As duas meninas têm características especulares, mas ambas compartilham a dificuldade em regular a própria atividade fisiológica para torná-la funcional para iniciar uma tarefa.

Para ativar o botão de (início) dos processos atencionais as crianças devem atingir um nível ideal de ativação fisiológica (<u>arousal</u>). Baixos níveis de ativação fisiológica (sonolência, relaxamento) estão associados a uma maior tendência à distração e à dificuldade de iniciar a atividade, enquanto altos níveis de ativação fisiológica (excitação emocional ou física) estão associados a uma maior desorganização.

Fernanda precisará aumentar seus níveis de ativação; Júlia, diminuí-los. Ambas as condições podem se traduzir em comportamentos de oposição que não estão necessariamente ligados a uma vontade de desafiar o adulto, mas a uma dificuldade mais geral de alcançar aquele estado de ativação ideal que permite iniciar uma tarefa.

Como intervir

- *Previsibilidade e rotina.* A ativação da atenção pode ser facilitada por uma organização previsível das atividades e pela presença de rotinas estáveis que permitam antecipar aquilo em que é preciso prestar atenção. Inicialmente, o processo de orientação atencional pode ser mediado pela interação com pessoas mais competentes (o professor ou a professora, que sugere a postura correta para prestar atenção; o colega, que serve de modelo). Com o tempo, vão sendo criados automatismos que tornarão a alocação da atenção um processo menos dispendioso em termos de energia.

- *Utilizem mediadores externos.* Para tornar o início de uma atividade específica ainda mais claro, utilizem mediadores acústicos ou visuais que ajudem todas as crianças a melhorarem a consciência de que uma nova atividade está prestes a começar. Nas atividades de tipo gráfico ou manipulatório vocês poderão, por exemplo, dedicar um tempo inicial à organização dos materiais e, posteriormente, iniciar uma breve pausa musical que sinalize o início da atividade: estamos prontos para começar! Vocês também podem utilizar um semáforo que indique com a cor vermelha o momento de ouvir as instruções, com a cor amarela a preparação dos materiais e com a cor verde o início dos trabalhos.

- *Preparem atividades-ponte.* As pausas de movimento são fundamentais na jornada da criança, tanto como experiência perceptivo-motora quanto como pausa para recarregar as "baterias cognitivas". Lembrem-se, no entanto, de que, após uma atividade motora com ritmo intenso ou após uma atividade não estruturada, as crianças muitas vezes custam a reordenar as energias para se ativarem em uma nova tarefa. Portanto, planejem atividades-ponte curtas, que permitam recuperar os níveis ideais de *arousal*. Para esse objetivo, podem ser úteis os exercícios de respiração, as brincadeiras ou as cantigas ritmadas, que podem inicialmente se sintonizar com os altos níveis de ativação, para depois passar para ritmos cada vez mais calmos e relaxados. As atividades serão tanto mais eficazes em representar uma ponte para a nova atividade quanto mais estiverem conectadas a ela. Se, por exemplo, no projeto de vocês, estiver prevista uma discussão sobre o tema das quatro estações, vocês poderão pedir às crianças que batam os pés no chão repetidamente com força para simular o temporal de inverno e chegar gradualmente à garoa da primavera, obtida batendo levemente uma mão no braço. Essas atividades são muito úteis tanto para crianças com elevados níveis de ativação quanto para aquelas que precisam de tempo para se aquecer.

○ *Despertem os sentidos.* Para estimular o estado de alerta, desenvolvam a consciência dos instrumentos corporais que favorecem a atenção nas crianças. Antes de começar a leitura de uma história, peçam a todos que acariciem a orelha para despertarem os ouvidos e ficarem prontos para escutar. Para enfatizar a importância da visão como veículo de atenção, convidem as crianças a fecharem e a abrirem bem os olhos, prontos para observar. Em atividades que prevejam também prontidão motora, convidem-nas a se prepararem bem. Por exemplo, ativando a musculatura das mãos e dos braços para receber a bola. Esse tipo de estimulação é útil tanto para melhorar a consciência e a utilização dos órgãos dos sentidos nos momentos de solicitação atencional quanto como instrumento de verificação para garantir que todos estejam orientados para a tarefa.

○ *Envolvam as crianças nas fases iniciais da atividade.* Envolvam todas as crianças, uma de cada vez, na fase inicial do trabalho, prestando atenção particularmente às crianças que custam a se ativar. Atribuam-lhes papéis de responsabilidade, como distribuir os materiais, preparar o espaço, pedir para repetir as instruções ou encená-las de modo pessoal.

○ *Criem expectativa, espera, entusiasmo.* Qualquer atividade pode ter algo de mágico e de particularmente atraente. As crianças muitas vezes se entusiasmam quando podem contar algo sobre si mesmas. Antes de introduzirem novas atividades, proponham assuntos gerais que as ajudem a relembrar suas experiências: "Você já viu...?" "Você já ouviu...?" "Você já fez...?" Ouçam as histórias delas: vocês não conseguirão transmitir conteúdos pelos quais a criança se apaixone se vocês não forem os primeiros a se apaixonarem!

O pacto educativo

A capacidade de estar pronto para responder também pode ser treinada em brincadeiras em contextos extraescolares e, em particular, em todas aquelas atividades que pressuponham mensagens do tipo: "Prontos... já!" Brincadeiras clássicas como "Um, dois, três, estátua", "Esconde-esconde", "Cabra-cega", "Ovo podre" ou "Batata quente", por exemplo, pressupõem tanto a capacidade de esperar quanto de se preparar rapidamente para a ação apropriada.

No tempo entre a espera e a emissão da resposta, a criança se encontra em um estado de ativação cognitiva autorregulada e, portanto, está treinando suas capacidades atencionais de modo espontâneo e natural.

Esses jogos podem ser oportunidades de diversão e de aprendizagem ao mesmo tempo.

Sensibilizem pais, mães e responsáveis sobre a importância do brincar, eventualmente reduzindo a duração ou a complexidade da brincadeira para responder às exigências dos próprios filhos ou filhas.

Os conselhos do especialista

Os fatores que permitem iniciar uma atividade são múltiplos e podem estar subordinados a aspectos emocionais, como o prazer e a motivação, mas também a funções mais estritamente fisiológicas, como a obtenção de um estado de ativação que permita o controle das próprias ações. Para melhorar a capacidade de a criança iniciar e manter a atenção em seus trabalhos, concentrem-se nos dois elementos fundamentais da atenção: a energia e a organização (FEDELI; VIO, 2019).

Propondo tarefas motivadoras e trabalhando na regulação dos ritmos fisiológicos, vocês permitirão que as crianças alcancem um maior controle sobre o próprio comportamento. Por sua vez, trabalhando em uma organização clara e previsível da tarefa ou dos materiais, vocês fornecerão uma estrutura cognitiva que oriente o esforço delas.

Não se esqueçam de repetir as instruções e os passos necessários para iniciar uma tarefa e valorizar cada pequeno esforço feito. Além disso, a repetição das atividades ajudará as crianças a adquirirem segurança e senso de domínio ao longo do tempo.

	Em síntese...
Energia	○ Verifiquem os níveis de energia e planejem atividades para obter um estado de energia ideal. ○ Concedam o tempo necessário para reorientar a atenção na atividade. ○ Cuidem da percepção de segurança da criança. ○ Proponham as atividades com entusiasmo, apoiando a curiosidade das crianças. ○ Valorizem os interesses. ○ Variem as atividades.
Organização	○ Preparem materiais reduzindo a presença de estímulos distrativos. ○ Sensibilizem para a função dos espaços. ○ Deem instruções breves, com um comando de cada vez. ○ Cuidem da estrutura e da previsibilidade das atividades. ○ Planejem unidades de aprendizagem breves.

CAPÍTULO 11
NÃO TERMINA
a atividade

POR QUE FAZ ASSIM?

Porque a atenção da criança ainda é instável.

Porque está capturada por muitos estímulos que ela acompanha, independentemente do contexto.

Porque as atividades se tornam rapidamente entediantes para ela.

Porque ela não tem o senso do tempo.

O QUE FAZER?

✓ Alternem momentos de atividade cognitiva com **pausas** de movimento ou cantigas com gestos.

✓ Foquem-se em atividades que instiguem a **curiosidade** da criança.

✓ Favoreçam a participação **ativa**.

✓ Proponham atividades de acordo com as exigências da criança.

✓ Garantam a todos a possibilidade de **sucesso**.

O QUE NÃO FAZER

✘ NÃO promovam a conexão entre empenho e fortes emoções negativas.

✘ NÃO esperem um estado atencional por tempos maiores do que as possibilidades reais.

✘ NÃO valorizem apenas o resultado.

✘ NÃO eliminem o cansaço.

✘ NÃO façam comparações entre as crianças.

Análise do comportamento-problema

Nas crianças da Educação Infantil, a atenção entendida como processo cognitivo ainda não chegou à maturação; os tempos de concentração são breves e as ações às vezes são dispersivas.

Se vocês tentarem perguntar às crianças o que significa "estar atento", descobrirão que a atenção geralmente está ligada a um sistema de regras ("estar atento significa obedecer à professora") ou à proteção do perigo ("ficar atento para não cair"). Somente nos níveis subsequentes de desenvolvimento é que ela será reconhecida como um processo útil para realizar as atividades de forma precisa e contínua.

As crianças com dificuldade de regulação apresentam dificuldades ainda maiores em manter a atenção na tarefa e tendem a ser capturadas por estímulos irrelevantes (ideias, brincadeiras ou outros estímulos presentes no ambiente). Portanto, fazem passagens rápidas de uma atividade para outra, sem completar a tarefa-trabalho principal. Tudo isso pode afetar negativamente a construção do senso de autoeficácia. De fato, é precisamente por meio da experiência do sucesso/insucesso ao realizar um projeto ou um produto que a criança aprende a reconhecer as próprias competências e a tornar sua confiança mais estável nas próprias possibilidades. Os trabalhos interrompidos dificilmente conseguem ser informativos nesse sentido.

Como intervir

○ *Observem a criança para reconhecer seus interesses e registrem os tempos de atenção associados.* Os tempos de atenção podem variar com base no interesse intrínseco que a tarefa, o assunto ou os materiais assumem para a criança. Utilizem a "Tabela de Observação" (no Apêndice) para reconhecer quais condições melhoram o interesse e os tempos de permanência nas atividades. Suas observações fornecerão elementos úteis para planejar atividades adaptadas às possibilidades efetivas das crianças e identificar as situações nas quais elas precisarão mais da ajuda de um adulto.

○ *Proponham atividades interessantes e motivadoras.* Para uma criança com fragilidade atencional, a duração do empenho será curta, mas ela poderá se beneficiar de atividades ou materiais que despertem seu interesse espontâneo. Quando consegue completar uma tarefa que lhe é significativa, ela sente a alegria de tê-la feito e, portanto, mostrará uma abertura emocional (confiança em si mesma e no ambiente), que, por sua vez, a ajudará a adquirir responsabilidade; ou seja, a capacidade de orientar o empenho de modo autônomo.

○ *Promovam jogos-exercícios e trabalhos que possam ser divididos em etapas intermediárias.* Dividam as atividades em metas intermediárias de acordo com as capacidades reais, para que cada parte da sequência possa ser realizada de modo autônomo e com uma margem suficiente de liberdade. Retomem a atividade em momentos diferentes do dia ou da semana para consolidar os resultados obtidos e concluir o trabalho. Organizem atividades que permitam manter a atenção, mesmo que por breves períodos de tempo; isso será muito útil como treinamento atencional e ajudará as crianças a reconhecerem não apenas seus limites, mas também suas próprias habilidades.

○ <u>Guiem-nas para obterem sucesso.</u> Principalmente em brincadeiras e atividades novas ou que prevejam uma maior complexidade, pode ser necessário apoiar e direcionar as ações da criança. Nessa fase, é importante tentar não se substituir à criança, mas identificar aqueles caminhos ou aquelas etapas do caminho que a tornem hábil para alcançar o resultado e se sentir protagonista do próprio sucesso. Então, forneçam instruções sintéticas que indiquem o que fazer, modulem os momentos de distração com pausas curtas que a tragam de volta à tarefa, ajudem-na a perceber o ambiente como fonte de segurança. Aumentem progressivamente os tempos de permanência na atividade.

○ <u>Variem as atividades</u> concentrando-se principalmente no modo de configurá-las. Estruturem a jornada escolar com atividades didáticas e laboratoriais diferenciadas que estimulem os diversos campos de experiência. Variem-nas, assegurando-se de manter uma alternância entre tarefas desagradáveis para a criança e também agradáveis, complexas e também ao alcance delas, atividades paradas e também atividades que prevejam movimento, atividades estruturadas e também livres.

◦ *Deem* feedbacks *sobre o empenho.* Ajudem as crianças a reconhecerem a qualidade de seu empenho e, portanto, estejam prontos para valorizar a atitude positiva na tarefa, para que elas possam compreender seu valor ("Vejo que você está dando tudo de si! Muito bem!" "Este desenho foi feito com muito cuidado!").

◦ *Repitam as instruções durante a atividade.* Ao notarem sinais de cansaço, avaliem se é necessário mudar de atividade ou lembrar as crianças da tarefa, repetindo as instruções, indicando a atitude correta (postura e organização dos materiais) e fornecendo indicações sobre o tempo restante.

◦ *Temperem as atividades com o calor e o entusiasmo de vocês.* A atenção das crianças é alimentada pelo calor do entusiasmo dos professores e professoras: quanto mais elas se sentirem agradavelmente envolvidas nas atividades, mais compreenderão seu valor. Encontrem oportunidades para se divertirem juntos, e a atenção se tornará mais duradoura.

O pacto educativo

A atenção é um processo cognitivo que toma energia dos processos fisiológicos subjacentes. Sensibilizem pais, mães e responsáveis sobre a importância de um número adequado e estável de horas de sono.

Especialmente as crianças com dificuldade de regulação atencional utilizam uma quantidade maior de energia e podem custar a adormecer, porque chegam superestimuladas à noite. Convidem pais, mães e responsáveis a identificarem rituais estáveis e específicos para o adormecimento, que garantam à criança a recuperação completa das energias.

Os conselhos da especialista

As crianças em idade pré-escolar não dispõem da noção de tempo, e as nossas solicitações – "A tarefa dura apenas cinco minutos" ou "Mais um pouco e acabou" – são pouco significativas. Para elas – e não só –, o tempo coincide não tanto com o movimento dos ponteiros do relógio, mas sim com a percepção de prazer ou de cansaço ao executar uma atividade. Quanto mais estão cansadas ou entediadas, mais o tempo parece desacelerar, e a atividade se torna infinita.

Para ajudá-las a completar a tarefa é útil dar indicações visuais concretas e operacionais do tipo: "Pinte até aqui" ou, nos jogos de tabuleiro, "Vamos chegar até esta casinha".

Para sensibilizá-las para a passagem do tempo e ajudá-las a manter a atenção na tarefa, vocês podem usar alguns instrumentos que indiquem visualmente a passagem do tempo, como ampulhetas ou uma régua feita com uma tira de borracha colorida sobre a qual vocês podem deslizar um anel de uma cor diferente. Ao moverem o anel da esquerda para a direita, vocês indicarão visualmente quanto tempo passou (espaço à esquerda do anel) e, sobretudo, quanto resta (espaço à direita).

CAPÍTULO 12 TEM DIFICULDADE
de mudar de atividade

POR QUE FAZ ASSIM?

Porque a criança é absorvida por aquilo que está fazendo.

Porque não se dá conta dos avisos do adulto.

Porque sua flexibilidade atencional ainda não está madura.

Porque seus tempos de reação são mais lentos.

Porque não consegue desviar o foco de sua atenção.

O QUE FAZER?

✓ Criem um contexto acolhedor e previsível.

✓ Avisem previamente quando for preciso mudar de atividade.

✓ Repitam as instruções com calma.

✓ Entrem no **mundo da criança**.

✓ Combinem o apelo verbal com um **estímulo físico**.

✓ Sejam uma base segura de referência.

✓ Proponham **uma coisa de cada vez**.

O QUE NÃO FAZER

✗ NÃO interrompam as atividades de modo repentino.

✗ NÃO façam perguntas repentinas.

✗ NÃO proponham duas coisas ao mesmo tempo.

Análise do comportamento-problema

É hora de lavar as mãos, mas Felipe acaba de descobrir um jogo com cubos que o fascina muito, e tudo o que acontece ao seu redor parece inexistente para ele, a ponto de nem se dar conta dos chamados repetidos. Quando a professora aumenta o volume da voz, o comportamento fica desorganizado, e a criança começa a caminhar pela sala.

A partir dos 18 meses, as crianças desenvolvem a capacidade de se concentrar em uma única atividade de cada vez, e os tempos de concentração voluntária aumentam gradualmente. Por menor que seja, a criança já começa a ter experiência do mundo ao seu redor e a exercer a própria vontade de autodeterminação para alcançar objetivos específicos.

Por volta dos 4-5 anos, a eficiência da flexibilidade atencional também melhora, o que permite deslocar a atenção para estímulos diferentes, mantendo uma organização cognitiva estável. As crianças são capazes de interromper uma atividade para passar para uma nova, mas também de desviar a atenção para aspectos diferentes da mesma tarefa. Elas são capazes, por exemplo, de desviar a atenção da brincadeira para as palavras da professora e, depois, de integrar as novas informações para continuar a brincadeira.

As crianças com dificuldade de regulação tendem a ter maiores problemas na gestão da atenção, que geralmente não é suficiente para completar um jogo ou uma tarefa, mas que também pode ser capturada e absorvida por uma atividade, a ponto de custarem a se desprender dela. A dificuldade de remover a âncora da tarefa que estão fazendo para passar para uma nova tarefa torna-se maior quando novas atividades são propostas, quando ocorre uma mudança nos planos ou nas rotinas e quando se pede para realizar várias tarefas ao mesmo tempo (como ouvir as instruções durante a brincadeira) ou em rápida sucessão.

Como intervir

○ *Usem canções que deem tempo* para que todas as crianças reorganizem as energias na atividade. As canções serão mais envolventes ao inserirem o nome das crianças. Por exemplo, vocês podem olhar nos olhos de quem já está pronto para a nova atividade e torná-los protagonistas, parafraseando uma canção conhecida como "Dona aranha", combinando alguns gestos: "A aranha Júlia sentou na sua cadeira, veio a chuva forte (Júlia tamborila com os dedos sobre a cabeça) enquanto ela dormia (Júlia inclina a cabeça sobre as mãos unidas)". Olhem também para as outras crianças prontas e repitam a canção suavemente, inserindo o nome delas: "A aranha Nicolas sentou na sua cadeira..."

○ É importante cantar com um ritmo suave e que *todos sejam nomeados e envolvidos*. As crianças geralmente querem que seu nome seja inserido na canção, e o movimento ordenado criado em torno delas se torna um estímulo para se movimentar e reorganizar progressivamente a atenção dos colegas também com dificuldade.

○ Quando o número de crianças for maior, vocês podem inserir mais nomes na estrofe: "As aranhas Felipe, Lisa e Tomás sentaram na cadeira, veio a chuva forte (todas as crianças mencionadas até o momento tamborilam sobre suas cabeças) enquanto elas dormiam (inclinam a cabeça sobre as mãos unidas)". Quando todos finalmente estiverem sentados nas cadeiras, vocês podem terminar a música com uma última estrofe: "Já passou a chuva, o sol já vai surgindo, e agora todos vão poder se divertir!" Combinem essa estrofe com uma estimulação sensorial, fazendo um rápido giro para tamborilar delicadamente com os dedos sobre a cabeça de todas as crianças. Esse gesto vai ajudá-las a se sentirem ainda mais presentes e dará o sinal de início para a nova atividade.

○ *Não perguntem: comuniquem.* Quando a criança estiver envolvida em uma atividade, não perguntem se ela quer participar, se na verdade ela não tiver escolha. Uma pergunta pressupõe uma resposta, e perguntas do tipo: "Manuela, vamos lavar as mãos?" ou "Você quer ouvir a história?" também podem implicar que Manuela responda com um legítimo "Não, obrigado", o que complicaria a escolha de vocês em relação ao que fazer em seguida. Por isso, quando não for possível que a criança se comporte diferentemente do que vocês têm em mente, evitem perguntar, mas simplesmente comuniquem o "comando": "Alice, é hora de entrar na roda, guarde os carrinhos no lugar e fique aqui ao meu lado".

○ *Sejam uma base segura para elas.* Mudar a atenção para uma nova atividade não é um processo automático. Especialmente as crianças com fragilidade podem precisar da ajuda de vocês para deslocar o foco de atenção e reorganizar as energias. Se o chamado verbal não for suficiente, aproximem-se suavemente e acariciem-na para fazê-la perceber a presença de vocês. Entrem no mundo delas conectando-se com o que elas estão fazendo, comuniquem que uma nova atividade está prevista logo depois e deem indicações concretas para terminar o trabalho em andamento (p. ex., "pinte até aqui"). Para as crianças mais velhas vocês podem fornecer instrumentos visuais, como a ampulheta, para ajudá-las a reconhecer o tempo à sua disposição.

○ *Uma coisa de cada vez.* Fechem a mão e digam às crianças para repetirem com vocês: "Três coisas: uma (levantem o polegar) de cada (levantem o dedo indicador) vez (levantem o dedo médio)". É um gesto simples que contém muitas indicações úteis tanto para vocês quanto para as crianças. Proponham uma coisa de cada vez, certifiquem-se de ter a atenção de todos e associem gestos e palavras.

○ *Criem um ambiente previsível.* Os hábitos ajudam a organizar o comportamento para um propósito. Estabeleçam rotinas sistemáticas e antecipem às crianças eventuais mudanças ou novas atividades. Para isso, vocês podem utilizar um cartaz para colocar as imagens com as atividades do dia. A imagem é o canal comunicativo privilegiado porque ajuda a criança com dificuldade a se orientar com mais segurança e autonomia.

○ *Proponham atividades intrinsecamente motivadoras.* A inércia na gestão das transições pode ser parcialmente compensada pela proposta de atividades que sejam agradáveis. As crianças vivem no presente, e, portanto, os discursos baseados em objetivos distantes no tempo não têm força sobre elas; como, por exemplo, "Se você vier para a roda agora, poderá brincar com a Simone amanhã".

O pacto educativo

É importante que a família também respeite os tempos de crescimento da criança, satisfazendo sua necessidade de se concentrar em uma única tarefa de cada vez e, na medida do possível, deixando-lhe o tempo necessário para a exploração e a realização das brincadeiras.

Os conselhos da especialista

A capacidade de passar flexivelmente de uma atividade para outra é considerada, em nível neuropsicológico, como um dos processos que constituem as funções executivas; ou seja, aquele conjunto de habilidades cognitivas que permite planejar e organizar o comportamento rumo a um objetivo. Os adultos podem apoiar seu desenvolvimento, ficando ao lado da criança durante a brincadeira, assumindo o papel de facilitadores apenas quando necessário (é importante não substituí-la!) e unindo ações e palavras.

Por exemplo, nos momentos em que é necessário resolver um problema pode-se propor um modelo de solução por tentativa e erro: "Esta peça não encaixa no quebra-cabeça (problema). Podemos tentar girá-la (hipótese), vamos ver (verificação)", ou indicar estratégias: "Esta peça realmente não encaixa, vamos ver... que cores temos que procurar?"

É fundamental respeitar os tempos da criança e sua possibilidade de experimentar, utilizando estratégias que podem até não ser funcionais para alcançar o objetivo, mas que lhe permitam testar serenamente sua eficácia pessoal; ou seja, sua possibilidade de incidir no mundo. Consolidar as habilidades de atenção voluntária, equipando-a com estratégias pessoais em um clima tranquilo, é fundamental para promover a manutenção da atenção e a flexibilidade cognitiva.

Os aspectos emocionais

CAPÍTULO 13
IRRITA-SE *facilmente*

POR QUE FAZ ASSIM?

Porque a criança se defende de efeitos desagradáveis.

Porque tem dificuldade de regular as emoções.

Porque as emoções são comportamento para ela.

O QUE FAZER?

✓ Tranquilizem e contenham.

✓ Autorregulem o comportamento de vocês.

✓ Organizem atividades de **alfabetização emocional**.

✓ Ensinem **estratégias de gestão** das reações descontroladas.

✓ Organizem uma **área de relaxamento** para os momentos de descompressão.

✓ Promovam a **gentileza** como cultura de grupo.

✓ Diferenciem emoções e comportamento.

O QUE NÃO FAZER

✗ NÃO percam a calma.

✗ NÃO a culpem. Se a criança se sente irritada em sua vivência, ela tem suas motivações.

✗ NÃO neguem suas emoções.

Análise do comportamento-problema

As crianças com dificuldade de regulação podem "inflamar-se" facilmente. Muitas vezes, elas parecem estar em cima de uma corda bamba, e uma pequena variação ou contradição provoca nelas uma tempestade emocional. Algumas custam a recuperar a calma rapidamente, isolam-se, e torna-se difícil voltar à conexão com elas. Nos momentos de maior desregulação emocional elas podem até dar socos, chutar ou morder.

Como intervir

- *Acalmem-se e contenham.* Muitas vezes, por trás de expressões comportamentais agressivas se escondem sensações de fragilidade (não se sentir aceita, ter a percepção de estar sofrendo uma injustiça). Estejam prontos para reconhecê-las para responder tanto à necessidade de contenção quanto à de ser tranquilizada. Com base na intensidade do descontrole e na resposta da criança, escolham a abordagem mais adequada. Em alguns casos, será necessária uma contenção física; em outros, uma advertência verbal pode ser suficiente. Avaliem se é preciso fazer com que a criança sinta a presença (tranquilizadora) de vocês, deixando-a desafogar sem intervir. As emoções são como uma onda: têm um começo, um pico máximo e depois uma descida, não duram para sempre, e as crianças são verdadeiros "mágicos" para levantar tempestades rápidas que não deixam sequelas, depois de passadas.
- *Mantenham o autocontrole.* As crianças aprendem, acima de tudo, por meio do exemplo. Mais do que compreender, elas imitam. O modo como vocês administram as experiências que exigem autocontrole (tom de voz firme, postura estável e acolhedora na altura da criança) ensinará mais do que muitas pa-

lavras. As emoções também são amplificadas e influenciadas pelo clima emocional. Tentem manter a calma e permitam que elas percebam que vocês não estão nem assustados nem irritados, mas mantêm o pulso da situação. Usem uma linguagem interna que possa apoiar a vocês mesmos nesses momentos. Algumas frases que vocês podem repetir para si mesmos são: "É a criança que está passando por um momento difícil, a intenção dela não é fazer com que eu viva o mesmo". "Eu posso manter a calma e dar um bom exemplo" "Quero compartilhar a minha serenidade e não entrar na desregulação dela".

○ *Ensinem estratégias de gestão da raiva.* Ensinem às crianças maneiras mais funcionais de gerir as tempestades emocionais. Por exemplo, proponham que elas desafoguem a raiva fazendo-a fluir pelas pernas, passeando pela sala ou pelo jardim. Vocês também podem propor atividades de manipulação com massinha de modelar ou com argila; usar as mãos para amassar e construir tem um efeito benéfico para aliviar as tensões. Nos momentos de calma, ensinem técnicas de respiração que também podem ser usadas nos momentos de descontrole. No início da manhã, façam com que as crianças se deitem nos colchonetes com um objeto que seja importante para elas (de preferência macio) em cima da barriga; depois convidem-nas a observar como o "amuleto" delas sobe e desce junto com sua respiração, e concentrem a atenção delas na sensação de prazer e de segurança que elas sentem naquele momento. Com o passar do tempo, o objeto se encherá de sensações positivas, e elas poderão utilizá-lo para recuperar o estado de calma.

- *Organizem uma área de relaxamento.* Dediquem um espaço da sala para a descompressão das emoções desagradáveis. Decorem-no com almofadas, livros macios, folhas para colorir e outros materiais agradáveis. Usem esse espaço não em termos punitivos ("Vá se acalmar!"), mas proativos ("Você precisa reencontrar um pouco de serenidade. Eu lhe dou alguns minutos para você ficar tranquilo, depois falamos sobre isso").
- *Diferenciem emoção e comportamento.* No período pré-escolar, as emoções são vividas e expressadas diretamente por meio do corpo. Ajudem a criança a compreender a diferença entre sentir uma emoção (sempre legítima) e manifestá-la de modo apropriado. Quando estiver com raiva ou triste, ela tem os seus motivos, mesmo que aparentemente não sejam compreensíveis. Acolham essas emoções com empatia, usando frases que reflitam a sensação dela ("Não participar da brincadeira de Samuel realmente deixou você triste"). Vocês podem usar "Os conselhos da especialista" do capítulo 2 para estabelecer a regra e as consequências lógicas.
- *Defendam e estabeleçam limites.* Se a criança bater intencionalmente em um colega, prestem atenção principalmente em quem foi atingido. É importante que os pequenos internalizem que o maior valor é sua segurança e proteção. Interrompam o comportamento agressivo, afastando fisicamente a criança da situação ativadora, de modo calmo, mas firme. Usem o recreio, fazendo-a se sentar em um lugar seguro e visível por um curto período de tempo (no máximo um minuto por ano de idade) e acompanhem tudo com uma expli-

cação muito breve: "Não posso permitir que você machuque alguém ou machuque você mesma". Não acrescentem mais nada; o objetivo desse procedimento é fornecer contenção e segurança, e não humilhar ou fazê-la se sentir culpada. Quando retornar ao grupo, ajudem-na a se reinserir e a retomar o contato com a brincadeira e a atividade.

O pacto educativo

Quando os episódios de raiva se repetem com alta intensidade e frequência, a relação responsável/filho também pode ficar ameaçada e, com ela, a confiança da criança na solidez da relação. É importante que pais, mães e responsáveis reconheçam a diferença entre sentimentos e emoções, o que os ajudará a gerir as várias situações problemáticas.

As emoções são aqueles sentimentos rápidos e temporários que sentimos em determinados momentos. Por exemplo, diante da raiva da criança, podemos nos sentir irritados ou decepcionados.

O sentimento tem uma natureza mais persistente. É a base do nosso vínculo afetivo com a criança.

Essa distinção tem efeitos importantes sobre o modo de enfrentar as rupturas relacionais. Se o comportamento ditado pela emoção levar a uma ruptura temporária da conexão, o sentimento também levará a reparações rápidas ("Eu também posso estar irritado com você, mas isso não muda o amor que sinto por você").

Portanto, será importante que os responsáveis evitem ficar de mau humor por períodos prolongados. A criança não aprende no longo prazo, mas vive no momento; experiências de solidão e culpa prolongadas podem levar à internalização de um sentimento de angústia, que não é funcional ao sentimento de segurança em si mesma e de confiança no adulto.

Convidem os responsáveis a identificarem momentos de conexão positiva. Por exemplo, preparando rituais de proximidade, como uma massagem noturna ou a leitura de contos de fadas para acompanhar o sono.

Os conselhos da especialista

Valorizem a cultura da gentileza.

Estejam prontos para reconhecer e verbalizar os atos gentis que ocorrem espontaneamente entre as crianças ("Hoje vi um gesto maravilhoso: o André se deu conta de que a Daiana não tinha um lugar para se sentar e abriu espaço para ela").

Junto com as crianças, preparem o "pote da gentileza" e encham-no com papeizinhos nos quais estão desenhados símbolos positivos (um coração, uma flor, um sol etc.). Deem um papelzinho para que a criança cole em seu uniforme para enfatizar o comportamento gentil. É importante que as crianças reconheçam as intemperanças, mas também que possam "equilibrá-las" com o reconhecimento de suas ações gentis.

Aqui segue um aprofundamento.

Durante a atividade de desenho, Léo (4 anos) levanta-se repetidamente, pega os lápis à disposição de todas as crianças e os coloca na frente de seu desenho. Ele protesta se alguém se aproxima e empurra com força os colegas que tentam pegar os "seus" lápis. A professora lhe pergunta: "Por que você pegou todos os lápis?" Com toda a sinceridade, ele responde: "Eu preciso deles!"

Os conflitos no período pré-escolar muitas vezes giram em torno do tema da posse. Especialmente as crianças mais novas ainda estão na fase do egocentrismo, na qual tendem a perceber o mundo principalmente a partir de seu próprio ponto de vista. Provavelmente, já estão aprendendo a reconhecer que nem tudo lhes pertence, mas custam a compartilhar e a se desapegar dos objetos que consideram importantes.

Evitem tais situações estabelecendo regras claras com todas as crianças sobre a pertença dos materiais e sua utilização. Ao mesmo tempo, promovam um clima positivo e solidário na sala.

Sempre que houver divergências, permitam que as crianças negociem com autonomia, fiquem perto delas e façam a mediação apenas quando necessário. Participem com atitude neutra, fazendo perguntas que ofereçam a oportunidade de contar a própria versão sem ferir ninguém ("O que aconteceu? Parece-me que o Léo quer ficar com os lápis, mas o Juliano também precisa deles, certo?").

Promovam as competências de tipo empático e a capacidade de falar sobre os sentimentos ("Léo gosta muito dos lápis, e Juliano está triste porque não pode pintar"). Para desenvolver os conhecimentos sobre as emoções serão muito úteis os textos sobre o assunto, presentes em muitos livros de literatura infantil. Somente quando as crianças conseguirem distinguir entre as próprias emoções e o comportamento é que serão capazes de controlar os seus próprios impulsos. Finalmente, trabalhem sobre as habilidades de resolução de problemas, pedindo às próprias crianças que encontrem uma solução ("O que podemos fazer?").

Ofereçam estratégias e modelos para lidar com o conflito de forma positiva ("Vocês podem pedir as coisas com gentileza e desenhar uns ao lado dos outros. Os lápis são de todos").

Intervenham ativamente para gerir os comportamentos fora de controle. O desacordo faz parte do crescimento e pode ser uma oportunidade de aprendizagem, mas o comportamento agressivo demais deve ser gerido com firmeza.

CAPÍTULO 14
OPÕE-SE

POR QUE FAZ ASSIM?

Porque a criança quer expressar sua força de vontade.

Porque está fixada em outras coisas e não sabe reorganizar suas experiências motivacionais.

Porque não compreende o sentido daquilo que propomos.

Porque não está interessada ou não se acha capaz de realizar a tarefa.

Porque se sente sob pressão e com emoções desagradáveis que quer evitar.

O QUE FAZER?

✓ Criem um ambiente **previsível**.

✓ Proponham novamente a atividade em um segundo momento.

✓ Ofereçam **alternativas**.

✓ Negociam sobre **como** fazer, e não sobre o que fazer.

✓ **Ajam** e não reajam.

✓ Sejam coerentes e firmes, com **afeto**.

✓ Tentem identificar o **motor emocional** na base do comportamento de recusa.

O QUE NÃO FAZER

✗ NÃO cedam à "profecia autorrealizável".

✗ NÃO percam a calma.

✗ NÃO rotulem a criança pelo seu comportamento.

Análise do comportamento-problema

A oposição da criança pode ter muitas origens, que às vezes possuem raízes profundas na tentativa de construir o próprio eu. Ao se opor, a criança reivindica sua força de vontade e explicita suas necessidades e desejos.

O problema surge quando a oposição se torna o comportamento predominante da criança e se associa à dificuldades na regulação emocional.

Como intervir

- *Explorem a necessidade.* Identificar a necessidade que move um comportamento é um recurso valioso para decidir a abordagem educacional. Por exemplo, se uma criança se opõe a participar de uma peça de teatro na frente de uma plateia, reconhecer seu medo de se expor lhes dará a possibilidade de ajudá-la a se sentir mais segura. Observem o comportamento com a ajuda da Tabela de "Análise funcional" no Apêndice.
- *Deixem uma margem de possibilidade* não tanto em relação ao "que" fazer, mas ao "como" fazer. Por exemplo, concedam à criança uma sensação de controle sobre as cores a serem usadas no desenho ou sobre a forma a ser construída com a massinha de modelar. Não modifiquem o objetivo, mas sejam flexíveis em relação ao modo de alcançá-lo.
- *Cuidem dos interesses dela.* Se a criança não quiser ouvir uma história e continuar brincando com a boneca, peça-lhe que coloque a boneca em segurança em seu bercinho e depois venha ouvir a história. Desse modo, ela se sentirá reconhecida, terá a oportunidade de encerrar a sua brincadeira e reorientar a atenção para a nova atividade.

- *Criem um ambiente previsível.* Antecipem o que será feito: se a criança souber o que terá de fazer, conseguirá se autorregular melhor. Portanto, usem calendários com imagens que lembrem a ordem das atividades.
- *Lembrem que os dias não são todos iguais.* Deixem-se surpreender. A criança nem sempre precisa se opor, às vezes ela percebe a nossa insegurança e se ativa em relação a ela, cumprindo aquilo que os psicólogos chamam de "profecia autorrealizável"; ou seja, a tendência de induzir os comportamentos que nós esperamos que ocorram. Portanto, proponham as atividades com confiança e segurança, sem esperar rejeição antes que ela ocorra. Evitem identificar a criança com seu comportamento, mas encorajem sempre o desenvolvimento de suas potencialidades.
- *Trabalhem sobre as consequências lógicas das ações.* Transformem a frase "você deve lavar as mãos", em que é o adulto quem assume o ônus da regra, em "você vai comer seu lanche depois de lavar as mãos". Neste caso, a ênfase não está centrada no dever, mas na responsabilidade e na escolha pessoais.
- *Esperem e proponham novamente.* Se vocês considerarem que a criança não está com a disposição fisiológica ou emocional adequada para realizar uma tarefa, deem-lhe tempo para se acalmar e proponham a atividade novamente mais tarde. Para aliviar a pressão, vocês podem fazer uma breve e agradável introdução ao tema: "Antes de pintar, vamos imitar o som do animal que queremos colorir". Se a criança continuar indisponível, vocês podem decidir quebrar a regra e adiar a atividade, mas não se esqueçam de propor novamente a mesma tarefa no dia seguinte. Desse modo, vocês comunicarão a confiança nela e em suas possibilidades.

○ *Verifiquem se o problema é a escuta ou a obediência.* As crianças nem sempre se opõem pelo desejo de fazer isso: as crianças com dificuldade de autorregulação podem ser "levadas" por outra coisa e podem não entender o que está acontecendo. Tentem ativar uma "conexão". Verifiquem os níveis de compreensão e expliquem com calma o projeto de vocês.

O pacto educativo

Com o "não" o adulto ajuda a criança a definir os limites dentro dos quais ela pode se mover ("Você pode comer uma fatia, mas não pode comer o bolo inteiro"), assegura-lhe proteção ("Você não pode colocar o braço para fora da janela") e treina a capacidade de tolerância à frustração ("Não podemos ir ao parque hoje, mas vamos amanhã"). A questão é que os "nãos" para o adulto são muito óbvios e motivados, mas para a criança às vezes são incompreensíveis ("Por que não posso desmontar o celular da mamãe e descobrir o que tem dentro?"). Convidem pais, mães e responsáveis a explicitarem o significado dos "nãos". Provavelmente, levará algum tempo para que a criança os compreenda, mas ela terá lançado as bases para reconhecer também a dimensão afetiva, e não apenas a normativa.

Especialmente para as crianças que ainda não adquiriram habilidades de autorregulação suficientes, a probabilidade de que a relação seja caracterizada por uma clara dominância de "nãos" é muito alta. Nesse caso, os "nãos" podem perder seu significado original e comprometer as relações.

É exatamente como se nos encontrássemos dirigindo por uma estrada pontilhada de muitas proibições de acesso que nos bloqueiam sem nos dar alternativas. No fim, precisamente aquelas proibições que geralmente protegem a nossa viagem perdem o significado original e se tornam imposições, oposições às quais... nos opomos. Ajudem os responsáveis a oferecerem alternativas aos "nãos" ("Você não pode assistir TV, mas podemos brincar com os blocos") e a limitarem as ocasiões em que é necessário proibir. Por exemplo, organizando a casa à medida da criança, com níveis de segurança suficientes ou escolhendo experiências adequadas ("Não é aconselhável ir fazer compras juntos quando estamos com pressa"). Reduzindo as oportunidades do "não", os responsáveis terão a oportunidade de compartilhar o prazer do "sim" e se sentirem mais seguros, firmes e coerentes ao atribuir os limites que consideram importantes. Uma disciplina orientada predominantemente para o "não" corre o risco de projetar sobre a criança uma imagem de si mesma como incapaz de escolher ou até como uma criança má.

Como intervir

Ajam e não reajam. Lembrem a diferença entre ação e reação. Quando *agimos*, temos consciência do que estamos fazendo, enquanto a *reação* é uma resposta muitas vezes descontrolada, cheia de uma vivência emocional que pode se traduzir em uma resposta de ataque ("Agora eu vou te mostrar!") ou de rendição ("Faça o que você achar melhor"). Mantenham bem firmes seus níveis de segurança interior.

Para lhes ajudar a lembrar de seus recursos pessoais e imprimi-los na mente, desenhem sua mão em um pedaço de papel e escrevam em cada dedo as características que ao longo do tempo lhes permitiram gerir os momentos difíceis. Olhem para essa mão quando precisarem se lembrar de quem vocês são. Além disso, não se esqueçam de que não são vocês contra a criança ou a criança contra vocês, mas ambos fazem parte da mesma equipe. Por fim, encontrem algum "tempo de qualidade" para se sentirem bem também fora do contexto escolar.

CAPÍTULO 15 — DESISTE QUANDO
não aprende logo

POR QUE FAZ ASSIM?

Porque aprender requer paciência.

Porque a criança tem dificuldade de tolerar a frustração.

Porque não sabe como fazer.

Porque se sente "onipotente".

Porque não sabe esperar e é impaciente.

O QUE FAZER?

✓ Sejam **discretos** e forneçam à criança uma "base" sólida e transparente.

✓ Apoiem-na e ajudem-na no momento da necessidade.

✓ Ativem **pré-conhecimentos** para estimular suas competências.

✓ **Variem** os materiais.

✓ Promovam uma atmosfera **emocional positiva**.

O QUE NÃO FAZER

✗ NÃO se substituam à criança.

✗ NÃO pressionem.

✗ NÃO deem normas rígidas.

✗ NÃO punam o erro.

Análise do comportamento-problema

Muitas vezes, para alcançar os objetivos que as próprias crianças se colocam é necessário esperar, tentar novamente com paciência e encontrar novas soluções para os problemas. As crianças com dificuldade de regulação custam a esperar e abandonam precocemente a atividade se não tiverem um resultado imediato. O outro lado da moeda desse comportamento é o risco de elas amadurecerem uma abordagem às coisas do tipo tudo ou nada, com efeitos deletérios também sobre suas possibilidades de autodeterminação. Quando uma criança se convence de que não é capaz de fazer alguma coisa, ela pode realmente se tornar incapaz de fazê-la.

Como intervir

- *Diferenciem os tipos de renúncia.* A que a criança está renunciando? Ela evita a sensação desagradável associada ao fracasso, ou o desempenho não está adequado às suas capacidades? Renunciar quando nos encontramos diante de um desafio grande demais é um ato de maturidade. Não é necessário se obstinar na convicção de que a criança pode fazer tudo. Às vezes, ela só precisa de seu tempo. Dividam as atividades para torná-las mais facilmente manuseáveis e executáveis; ver uma meta próxima dá impulso ao início! Se a criança interrompe a atividade para evitar sensações desagradáveis, esperem até que ela tenha recuperado um estado emocional de mais calma e proponham novamente o trabalho.

○ *Deem-lhe tempo.* O desenvolvimento de algumas ações pode exigir mais tempo do que aquele que consideramos necessário. Trabalhem sobre seus próprios tempos de espera e deem à criança o seu tempo; pedir para que ela se apresse faz com que as energias se desperdicem e facilmente leva à renúncia. Tentem não se substituir para acelerar os tempos, mas certifiquem-se sempre de que ela possa oferecer sua contribuição pessoal. Quando vocês se substituem a ela, correm o risco de comunicar uma mensagem de inadequação: "A professora está fazendo porque eu não sou capaz".

○ *Ajudem a criança e apoiem-na discretamente.* As crianças não devem chegar ao "desespero". As frustrações devem ser calibradas e toleráveis. Se vocês virem a criança em dificuldades, ajudem-na indicando-lhe o caminho com discrição. A ajuda não deve parecer uma punição ou uma humilhação, mas deve lhe dar as condições de se expressar.

○ *Ativem as competências.* Proponham atividades que ativem conhecimentos e competências já estabilizadas e que forneçam uma sensação de segurança. Planejem uma grande variedade de atividades e modifiquem o modo como vocês as propõem. Forneçam materiais e instrumentos que criem condições estimulantes. Por exemplo, se a criança demonstra um interesse especial no uso de instrumentos tecnológicos, combinem-nos com a atividade em andamento.

○ *Não corrijam o erro.* Incentivem a experimentação. As crianças com dificuldade de regulação desistem precocemente diante da dificuldade. Dediquem-se ao desenvolvimento de sua capacidade de tolerância, de resistência à frustração e de persistência no esforço, sem se preocuparem que o desempenho final esteja de acordo com as expectativas de vocês. O maior resultado será permitir que a criança se acostume a "estar" na atividade. Portanto, ajudem-na a se sentir capaz de se expressar com seus meios e suas características, deixando de lado o gosto pessoal de vocês.

○ *Forneçam-lhe os meios para se expressar.* Façam uma análise das capacidades da criança e aliviem-na em relação àqueles procedimentos que são mais complicados para ela. Por exemplo, já preparem a têmpera na diluição certa e acompanhem a criança para que ela se acostume a dosar a quantidade de cor a ser colocada no pincel. Em seguida, deixem-na livre para se expressar com seu gosto e sua criatividade.

Desse modo, vocês comunicarão seu interesse pelo que ela está realizando, consolidarão a mensagem de cuidado, tanto com os materiais quanto com o trabalho dela (p. ex., um uso excessivo de cor correria o risco de afetar os esforços dela, manchando a folha) e estabelecerão as condições para tornar a atividade original e satisfatória.

O pacto educativo

As crianças particularmente sensíveis conseguem captar as críticas negativas do adulto, mesmo em frases aparentemente neutras: "Você fez um desenho muito bonito da mamãe, mas espere que eu vou lhe mostrar como fazer as linhas retas". Os grandes muitas vezes se sentem no dever de instruir, esquecendo-se de que, para os pequenos, o que realmente importa é se sentirem reconhecidos por quem são, e não pelo modo como poderiam fazer melhor. Ajudem pais, mães e responsáveis a terem expectativas realistas e calibradas sobre o próprio filho ou filha, para que estas sirvam como uma força motriz e não corram o risco de se tornar um peso que bloqueia.

Para alguns responsáveis, pode ser útil diminuir a atenção nos aspectos de desempenho ("Você é bom porque se saiu bem") e se concentrar mais nos aspectos mais requintadamente relacionais ("Gosto do jeito que você é e me sinto bem quando estamos juntos"). Convidem-nos a encontrar oportunidades de estarem junto com seus filhos ou filhas pelo puro prazer de fazê-lo, olhando com benevolência para o que está acontecendo e (por que não?) também se divertindo. Para as crianças, sentir que seus responsáveis riem com elas é uma fonte de energia muito valiosa. Um pequeno esclarecimento: assumir uma visão benevolente não significa aceitar tudo indiscriminadamente, mas sim reconhecer com simpatia o que está certo e o que não está.

Como intervir

Mostrem às crianças as mudanças ocorridas ao longo do tempo; é uma ótima estratégia para reforçar a confiança em suas possibilidades, reavivar a esperança de conseguir fazer o que é demandado e reconhecer concretamente o valor da paciência.

As crianças estão acostumadas à mudança e ao crescimento. Elas já aprenderam que, depois de alguns meses, terão que trocar de sapatos, porque ficaram muito pequenos, e que os brinquedos mudam com o passar do tempo (p. ex., a bicicleta delas tem uma forma diferente da das crianças mais velhas). Tudo ao redor delas está pronto para testemunhar que, pouco a pouco, elas mudam, crescem e adquirem novas competências, novas paixões, novos gostos. É um processo que requer tempo, mas que segue em frente, independentemente da vontade delas.

Dediquem a atenção e o interesse de vocês às etapas do crescimento, acostumando-as a se compararem com elas mesmas ("Hoje estou um pouco melhor do que ontem"), em vez de com seus colegas ("Fui melhor do que o Nicolas"). Mostrem as passagens que permitiram alcançar novas competências: "Esta é a sua primeira colagem, muito bonita, você se lembra? E esta é a de hoje. O que mudou desde então?" Tentem ter um cuidado e respeito especiais pelos seus trabalhinhos do passado, porque é justamente graças a eles que as crianças começaram a se exercitar para alcançar uma maior habilidade.

CONCLUSÕES

Aqui chegamos ao fim deste texto para a formação de professores e professoras, cujo objetivo era apoiá-los na compreensão e na gestão das características de hiperatividade, impulsividade e desatenção das crianças que vocês têm na escola.

As indicações que encontraram vão lhes permitir consolidar e integrar seus conhecimentos profissionais para planejar ambientes de aprendizagem que favoreçam os processos de autorregulação dos pequenos alunos e alunas.

Proponho-lhes cinco palavras (5P) que poderão lhes servir de lembrete para a organização do trabalho.

1) *Planejamento.* Planejem as atividades de modo que sejam acessíveis a todos. Deem estrutura à sua jornada escolar cuidando dos tempos e do ritmo de trabalho, e ajudando as crianças a se sentirem parte de um projeto comum. Observem o mundo na altura e com os olhos dos pequenos, reconhecendo suas necessidades, compreendendo o nível de desenvolvimento e as capacidades pessoais. Predisponham limites claros e estáveis dentro dos quais eles possam se sentir livres e capazes de se expressar com autonomia.

2) *Personalização.* Reconheçam cada criança em suas fragilidades, potencialidades e interesses; incentivem-na e mantenham a confiança. Uma criança que se sente "vista" e reconhecida aprende a se reconhecer. Vocês são os olhos por meio dos quais ela se vê no contexto escolar; estejam prontos para apoiá-las, valorizá-las e fazê-las se sentir seguras.

3) *Paciência.* Muitas vezes, os resultados não são imediatos, levam tempo, e nem todos os períodos são iguais. Cuidem de vocês e do seu estado de bem-estar. Isso os ajudará a enfrentar com mais equilíbrio até as situações mais complicadas.

4) *Prazer.* Usem a criatividade de vocês junto com uma variedade de técnicas e materiais para tornar a sessão de aprendizagem agradável e significativa. Divirtam-se junto com sua turma. O prazer é um bálsamo fundamental para promover aprendizagens estáveis.

5) *Participação.* Comuniquem-se com os colegas e com pais, mães e responsáveis. O caminho de crescimento da criança se beneficia com um contexto coeso, coerente e sintonizado com suas necessidades.

Haveria muitas outras palavras que poderíamos acrescentar a essa lista. Qual vocês colocariam?

A minha palavra é _____.

Bom trabalho!

Sara Pezzica

REFERÊNCIAS

ARCANGELI, D. *ADHD – Cosa fare e non.* Trento: Erickson, 2019.

BERGE, A. *Educazione familiare.* Florença: Giuntine, 1956.

DE BARTOLOMEIS, F. *Il bambino dai tre ai sei anni e la nuova scuola infantile.* Florença: La Nuova Italia, 1973.

FEDELI, D.; VIO, C. *ADHD – Iperattività e disattenzione a scuola.* Florença: Giunti, 2019.

IANES, D.; CRAMEROTTI, S.; FOGAROLO, F. (orgs.). *Costruire il nuovo PEI all'infanzia – Strumenti di osservazione, schede-guida ed esempi di sezioni compilate.* Trento: Erickson, 2021.

MACCHIA V. *Individuazione precoce del rischio ADHD e "Laboratorio di Attenzione" nella scuola dell'infanzia.* Milão: FrancoAngeli, 2016.

MONTESSORI, M.M. *L'educazione come aiuto alla vita.* Turim: Il Leone Verde, 2018.

USAI, M.C.; TRAVERSO, L.; VITERBORI, P.; DE FRANCHIS, V. *Diamoci uma regolata – Guida pratica per promuovere l'autoregolazione a casa e a scuola.* Milão: FrancoAngeli, 2016.

Livros com propostas de atividades laboratoriais

CONSUELO, G.; BERTACCHI, I., MURATORI, P. *Coping power nella scuola dell'infanzia – Gestire le emozioni e promuovere i comportamenti prosociali.* Trento: Erickson, 2017.

CONTI, S.; SCIONTI, N.; MARZOCCHI, G.M. *Attività neuro e psicomotorie per bambini con deficit di autoregolazione e ADHD – Materiali operativi per allenare le funzioni esecutive in età prescolare.* Trento: Erickson, 2020.

FEDELI, D.; ZANON, F.; NOVELLO, F.; PITTILINI, S. *La scoiattolina Norma: Le regole sono importante – Imparare a gestire emozioni e comportamenti nella Scuola dell'Infanzia.* Florença: Giunti EDU, 2021.

MURATORI, M.; CUTRONE, M.C. *Allenare l'attenzione in età prescolare – Giochi e attività dai 3 ai 5 anni*. Trento: Erickson, 2017.

PEZZICA, S.; CARACCIOLO, S.; PERTICONE, G. *Scimmietta Attentina – Strategie e attività per potenziare l'attenzione nella scuola dell'infanzia*. Florença: Giunti EDU, 2020.

TREVISI, G.; BERNARDI, C.; CANER, D.; DA DAL, C.; GIACOMAZZI, I.; SERAFIN, E.; VIDOTTO, C.; ZANETTI, M. *Laboratorio per lo sviluppo dell'attenzione e delle abilità cognitive – Giochi e attività per la scuola dell'infanzia. 3-4 anni*. Trento: Erickson, 2015.

Livros sobre as emoções a serem lidos com as crianças

COSENTINO, C.; FIORE, G. *La bambina vulcano*. Palermo: Ideestortepaper, 2018.

D'ALLANCÉ, M. *Che rabbia!* Milão: Babalibri, 2007.

LLENAS, A. *Talpino terremoto*. Milão: Gribaudo, 2018.

Livros de aprofundamento para os responsáveis

FRANCO, B. *Il superpotere della mindfulness – Coltivare la calma e l'attenzione per affrontare rabbia, ansia e iperattività*. Milão: Gribaudo, 2020.

MARCOLI, A. *Il bambino arrabbiato – Favole per capire le rabbie infantil*. Milão: Mondadori, 1996.

SNEL, E. *Calmo e attento come una ranocchia – Esercizi di mindfulness per bambini (e genitori)*. Milão: Red, 2015.

Sites

Associazione Italiana per i Disturbi di Attenzione e Iperattività (ADHD) [Disponível em www.aidaiassociazione.com – Acesso em 01/11/2022].

Aifa Onlus. Associazione Italiana Famiglie ADHD [Disponível em www.associazioneaifa.it – Acesso em 01/11/2022].

Apêndice

FICHAS DE TRABALHO

As fichas de trabalho presentes no Apêndice podem ser baixadas e impressas em formato A4 a partir do seguinte link:

http://vozes.com.br/materiais-hid/

TABELA DE OBSERVAÇÃO

Escrevam o nome da *atividade* que vocês realizaram e sua *duração* total. Marquem com um X o nível de hiperatividade manifestada, considerando que a pontuação 1 corresponde a um baixo nível de hiperatividade (*Fica sentado durante toda a atividade*); a pontuação 3, a um nível intermediário (*Levanta-se várias vezes, mas volta a se sentar autonomamente ou com um breve lembrete*); a pontuação 5, a um nível elevado (*Levanta-se e perturba os colegas, não consegue ficar sentado*).

Por fim, insiram suas observações: o que pode ter aumentado o comportamento de hiperatividade? O que, por sua vez, ajudou a criança a se regular?

Campo de experiência	Atividade	Duração	Nível de hiperatividade	Observações
O eu e o outro			① ② ③ ④ ⑤	
O corpo e o movimento			① ② ③ ④ ⑤	
Imagens, sons e cores			① ② ③ ④ ⑤	
Os discursos e as palavras			① ② ③ ④ ⑤	
O conhecimento do mundo			① ② ③ ④ ⑤	

TABELA DE "ANÁLISE FUNCIONAL"

Observem o comportamento-problema e o registrem na tabela, como no exemplo. Repitam a observação todas as vezes em que um comportamento-problema se manifestar, para avaliar quais situações o ativam com maior probabilidade (*antecedentes*) e quais intervenções educacionais levam a um resultado melhor/pior (*consequentes e resultado*).

Situação	Antecedentes	Comportamento	Consequentes	Resultado
No refeitório, as crianças estão à mesa e esperam o lanche.	Cláudio nota que seu pedaço de pizza é menor do que o de Júlio.	Cláudio pega o pedaço de pizza de Júlio e sai da mesa.	A professora leva Cláudio à mesa dos professores. Ele poderá voltar ao seu lugar quando pedir desculpas a Júlio.	Cláudio fica sentado por alguns minutos esperando, depois pede desculpas, e voltam a comer todos juntos.

Situação = Onde? Com quem? Quando?
Antecedentes = O que estava acontecendo antes?
Comportamento = O que a criança está fazendo?
Consequentes = Qual é a resposta do adulto e dos colegas?
Resultado = Como o comportamento problemático se modificou (reduziu, aumentou, não mudou)?

TABELA "FUNÇÃO DO COMPORTAMENTO"

Com base nas observações registradas, identifiquem a função do comportamento.

Função	Por que faz assim?
Chamar a atenção	Quer obter a proximidade do adulto. Quer ativar emocionalmente (preocupar) o adulto.

Estratégias

Dediquem à criança a atenção de vocês quando ela o exigir de modo funcional.
Ignorem comportamentos de perturbação com baixos níveis de intensidade, dirigindo a atenção à sala e valorizando os comportamentos adequados ao alcance da criança.
Se a criança chama a atenção com provocações, advirtam o comportamento, explicitando o motivo: "Assim não, eu não gosto e não me interessa. Você não vai ter a minha atenção desse jeito".

Função	Por que faz assim?
Evitar situações desagradáveis	Evita realizar atividades desagradáveis ou que não considera ao seu alcance.

Estratégias

Adequem as atividades às habilidades possuídas.
Proponham atividades que envolvam a criança, mas que permitam a obtenção de experiências de sucesso.
Mantenham a confiança nas possibilidades da criança: "Fique tranquila, você pode e sabe fazer".
Garantam-lhe o seu suporte e apoio, se necessário, sobretudo na fase de início da atividade.
Reduzam a carga e a duração do trabalho. Por exemplo, ajudando-a a organizar os materiais.
Certifiquem-se de que a criança saiba o que deve fazer.

Função	**Por que faz assim?**
Regulação homeostática	A criança não consegue regular o comportamento.

Estratégias

Prevejam breves pausas antes que a criança fique cansada demais.
Variem as atividades, equilibrando momentos de atividades alternados com momentos de repouso, para acostumá-la à mudança de ritmo e à capacidade de relaxar.
Proponham atividades significativas, agradáveis e ao seu alcance.
Estabeleçam rituais de início e de fim da atividade, para compreender quando é o momento de iniciar e de concluir.
Orientem à ação; não reprimam a ação antecipando-a, mas orientem-na de modo mais construtivo.

Função	**Por que faz assim?**
Obter gratificações concretas	O comportamento disfuncional leva à obtenção de privilégios.

Estratégias

Estabeleçam consequências lógicas: "Você vai ganhar o carrinho quando o pedir com educação".
Reforcem o comportamento correto, elogiem a criança todas as vezes em que for capaz de esperar.
Não deem privilégios pelo comportamento disfuncional, do tipo: "Vamos ao jardim, porque hoje você está impossível!"

TABELA DE AUTOAVALIAÇÃO

Marquem com um X a pontuação que representa seu trabalho em relação à última semana. A pontuação 1 corresponde a "nada"; 3 indica "suficiente"; e 5, "perfeitamente".

Organização
Como funcionou a organização de...

materiais	① ② ③ ④ ⑤
tempos, pausas e ritmos das atividades	① ② ③ ④ ⑤
espaços	① ② ③ ④ ⑤
previsibilidade e rotina	① ② ③ ④ ⑤

Inclusão
Quanto eu...

pesquisei interesses, necessidades, potencialidades da criança	① ② ③ ④ ⑤
reconheci, promovi e valorizei as particularidades da criança	① ② ③ ④ ⑤
favoreci o intercâmbio relacional no grupo	① ② ③ ④ ⑤
construí uma rede projetual com colegas e responsáveis	① ② ③ ④ ⑤

Estratégias
Pude usar de modo eficaz...

mediadores visuais como pictogramas, símbolos, sequências visuais	① ② ③ ④ ⑤
comunicação simples, clara e breve	① ② ③ ④ ⑤
as consequências lógicas da ação	① ② ③ ④ ⑤
o ato de ignorar de modo sistemático comportamentos levemente perturbadores	① ② ③ ④ ⑤

TABELA DE AVALIAÇÃO

Marquem com um X a pontuação que representa o comportamento da criança em relação à última semana. A pontuação 1 corresponde a "nada"; 3 indica "suficiente"; e 5, "perfeitamente".

Relação com os colegas

Colabora com os colegas durante as atividades	① ② ③ ④ ⑤
Expressa e administra suas emoções	① ② ③ ④ ⑤
Participa de modo apropriado dos jogos em grupo	① ② ③ ④ ⑤

Abordagem às atividades

Mostra curiosidade em relação às atividades propostas	① ② ③ ④ ⑤
É autônomo(a) na execução das atividades ou sabe pedir ajuda, se necessário	① ② ③ ④ ⑤
Inicia e conclui seu trabalho	① ② ③ ④ ⑤

Características específicas

Modula os níveis de atividade motora	① ② ③ ④ ⑤
Administra os tempos de espera	① ② ③ ④ ⑤
Fica concentrado(a) durante a atividade proposta	① ② ③ ④ ⑤

O DIÁLOGO ESCOLA-FAMÍLIA

Aqui vocês encontram as indicações de base para preparar o diálogo com pais, mães e responsáveis, seguidas de uma tabela com o esboço para iniciar uma conversa eficaz com eles.

Escolham os espaços e os tempos

- Façam a distinção entre a comunicação cotidiana com os responsáveis, voltada ao acolhimento e à promoção de uma relação de confiança, daquela sobre os comportamentos específicos.
- Evitem fornecer comunicações em pé, na porta da sala, falando às pressas sobre situações que os ativaram emocionalmente; a comunicação mediada pelas emoções do momento pode interferir em um planejamento comunicativo profícuo.
- Se necessário, agendem encontros com uma periodicidade estável para compartilhar objetivos e monitorar os progressos da criança.

Suspendam o julgamento

Estejam prontos para acolher os relatos dos responsáveis; eles serão muito valiosos para conhecer aspectos da criança que não surgem no contexto escolar.

Comuniquem-se de modo eficaz

É importante abordar o tema de modo simples e claro.

Comuniquem observações (descrição de comportamentos), e não interpretações (julgamentos).

Definam o assunto	Pensamos em organizar este encontro para compartilhar com vocês...
Evidenciem recursos e aspectos positivos	Notamos que... melhorou...
Expressem as dificuldades	Os momentos de maior dificuldade são... Baseiem a comunicação de vocês na descrição de comportamentos e situações (busquem ajuda na Tabela de Análise Funcional), evitando expressar julgamentos ("Seu filho é um terremoto") ou utilizar termos clínicos ("Seu filho tem problemas de hiperatividade").
Descrevam as possíveis consequências do comportamento	Seria preferível compreender melhor esse comportamento. O medo é de que... se encontre em maiores dificuldades ao...
Escutem os responsáveis	Façam perguntas abertas que permitam que os responsáveis falem sobre os pontos fortes e as dificuldades da criança também fora do contexto escolar. Por exemplo: Como a criança se comporta quando...? Quais são as atividades que prefere?
Definam um projeto	Neste mês, poderemos trabalhar sobre estes aspectos... Para chegar a esse objetivo, nós faremos... (modificações em nós, na sala, nos materiais).
Construam um pacto	A criança pode ser ajudada a reconhecer uma sintonia entre o que é pedido na escola e em casa. Portanto, vocês poderiam...
Síntese final e saudações	Para encerrar o nosso encontro, podemos, então, resumir tudo nestes pontos:...

Anotações

Anotações

Anotações

Anotações

Anotações

Anotações

COLEÇÃO

O QUE FAZER (E O QUE) EVITAR

Acesse

LIVRARIAVOZES.COM.BR/COLECOES/
O-QUE-FAZER-E-O-QUE-EVITAR

e veja a coleção completa

Conecte-se conosco:

f facebook.com/editoravozes

◉ @editoravozes

𝕏 @editora_vozes

▶ youtube.com/editoravozes

◐ +55 24 2233-9033

www.vozes.com.br

Conheça nossas lojas:

www.livrariavozes.com.br

Belo Horizonte – Brasília – Campinas – Cuiabá – Curitiba
Fortaleza – Juiz de Fora – Petrópolis – Recife – São Paulo

  Vozes de Bolso

EDITORA VOZES LTDA.
Rua Frei Luís, 100 – Centro – Cep 25689-900 – Petrópolis, RJ
Tel.: (24) 2233-9000 – E-mail: vendas@vozes.com.br